AF554563

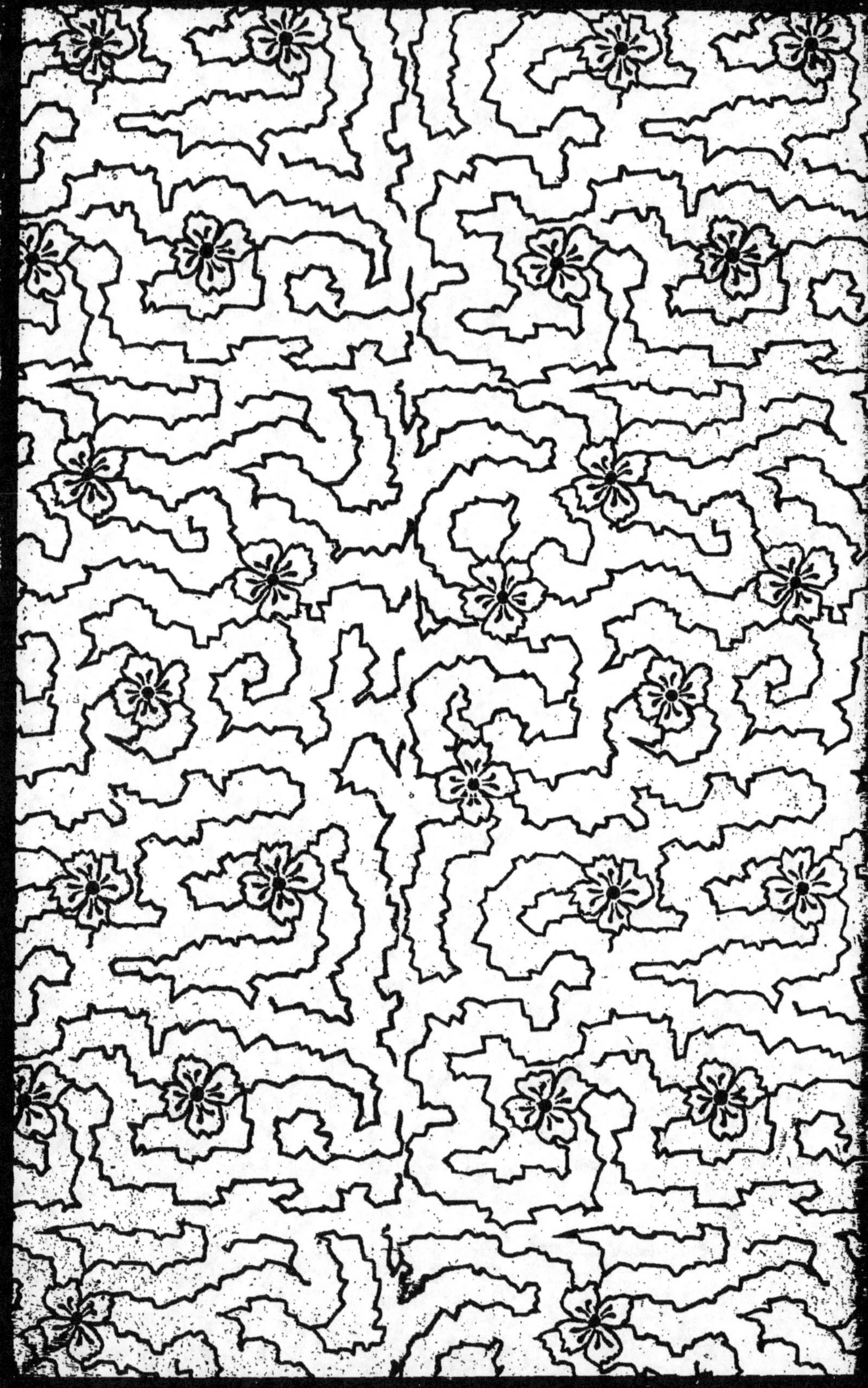

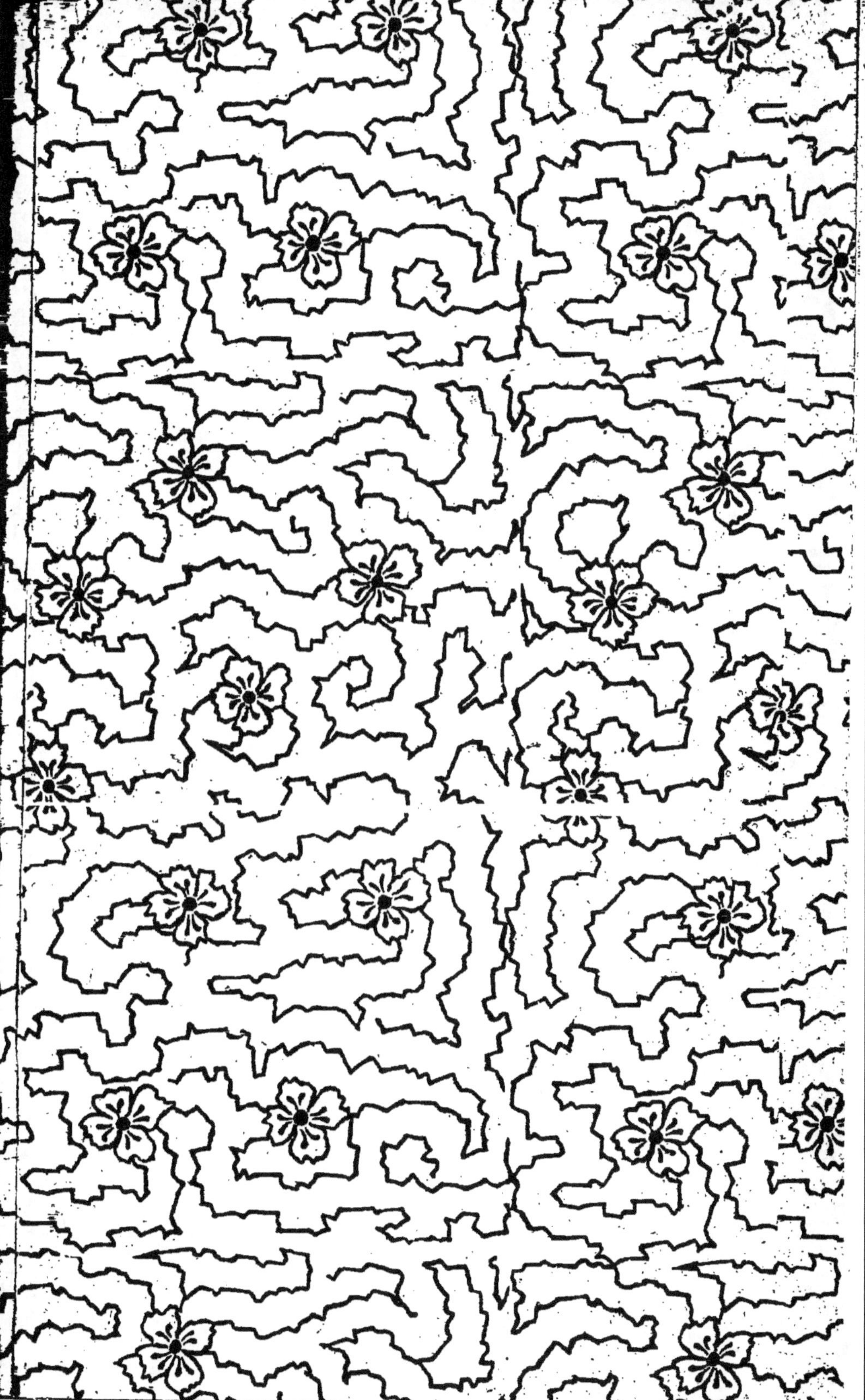

SOUVENIRS

ET VÉRITÉS

PAR

MADAME H. DE LAFAULOTTE

(NÉE PAJOL)

PARIS

TYPOGRAPHIE DE E. PLON, NOURRIT ET Cie,

RUE GARANCIÈRE, 8

1884

L27n
1565

AU VICOMTE PAJOL

CAPITAINE D'ÉTAT-MAJOR

C'est à toi, cher Napoléon, que je dédie ces souvenirs de mon enfance et de ma première jeunesse ; tu y trouveras souvent l'expression de ma profonde et fraternelle affection, que tu connais de longue date, et qui ne peut diminuer avec les années.

Ta sœur et meilleure amie,

MALVINA.

Paris, janvier 1883.

SOUVENIRS

ET VÉRITÉS

Ln 27 34565

L'auteur et les éditeurs déclarent réserver leurs droits de traduction et de reproduction à l'étranger.

Ce volume a été déposé au ministère de l'intérieur (section de la librairie) en février 1884.

PARIS. TYPOGRAPHIE E. PLON, NOURRIT ET Cie, RUE GARANCIÈRE, 8.

SOUVENIRS

ET VÉRITÉS

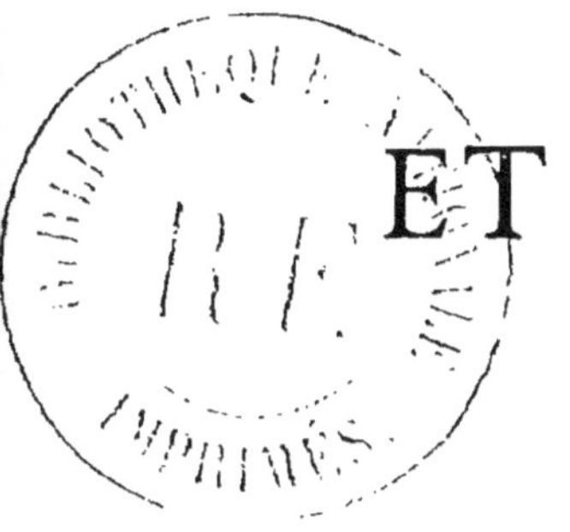

PAR

MADAME H. DE LAFAULOTTE

(NÉE PAJOL)

1092

PARIS

TYPOGRAPHIE DE E. PLON, NOURRIT ET Cie,

RUE GARANCIÈRE, 8

1884

SOUVENIRS
ET VÉRITÉS

I

Je suis arrière-petite-fille des maréchaux Oudinot (duc de Reggio) et Mortier (duc de Trévise), et petite-fille du brave général en chef comte Pajol, qui s'est si brillamment illustré sous le premier Empire. — J'ai donc été élevée dans le culte de la gloire, de l'honneur militaires, et j'ai persévéré dans ces sentiments. Mais je ne veux point ici parler de ces nobles aïeux que je n'ai pas eu le bonheur de connaître et dont la vie appartient à l'histoire, je tiens seulement à retracer quelques-uns de mes souvenirs qui apprendront à mes enfants ce qu'était ma famille et les sentiments qu'elle a su m'inspirer dès mes premières années.

Je suis née le 16 janvier 1860, à Paris, où mon

père commandait le 4e cuirassiers après une carrière militaire déjà bien fournie et sept années en Afrique, au moment de la prise d'Abd-el-Kader dans laquelle il avait eu une part très-active. — Peu de temps après ma naissance, mon père fut nommé colonel des dragons de l'Impératrice, et ma première enfance se passa dans quelques garnisons.

Mes parents avaient eu le malheur de perdre plusieurs enfants, et je suis restée leur fille unique et idolâtrée. Mon père avait pour moi une tendresse admirative et aveugle, il ne savait rien me refuser, riait de mes espiègleries et ne pouvait se passer de ma présence; ma mère, tout aussi tendre, mais plus éclairée, a consacré sa vie entière à mon bonheur. Pendant six années je n'ai eu qu'elle pour m'enseigner les premières notions de toutes choses, et quand plus tard j'ai eu des maîtres pour perfectionner mon éducation, ma mère était toujours là, douce et ferme, pour m'encourager ou me reprendre. Ses soins, son inaltérable dévouement ne se sont jamais démentis, et je lui en dois une éternelle reconnaissance.

Quoique fille unique de mes parents, j'eus cependant une amitié toute fraternelle dans la personne de mon cousin germain, Napoléon Pajol, fils du frère aîné de mon père. Bien que plus âgé que moi de douze ans, Napoléon fut le meilleur ami de mon enfance et de ma première jeunesse; son caractère gai, sa complaisance et même ses gronderies, me le firent considérer comme un frère aîné et chéri, dont j'étais aussi tendrement aimée.

Mon affection se reportait ensuite sur ma grand'-mère maternelle, qui vivait toujours avec nous, ou près de nous, et dont la bonté était connue de tous.

A la fin de 1865, nous étions à Compiègne quand mon père passa au grade de général et dut commander le département à Limoges; mais l'Empereur voulut bien le désigner pour être un de ses aides de camp, et mon père ne partit pas. Ma grand'mère maternelle, la comtesse de Naives (née de Trévise), avait toujours eu le grand désir de voir mon père attaché au souverain, et, sachant une place vacante parmi les aides de camp, elle alla trouver elle-même Napoléon III pour demander cette faveur, qui lui fut accordée sur-le-champ.

Nous restâmes à Compiègne encore quelques semaines après la nomination de mon père, mais il quitta bientôt son cher régiment, et les regrets furent sincères parmi tous les dragons. — Mon père a toujours eu le don de se faire aimer partout où il a commandé; son caractère franc, aimable et gai, inspirait à tous une sympathie profonde, dont le souvenir reste aussi béni que gravé dans bien des mémoires.

Après avoir quitté Compiègne, mon père prit

son service aux Tuileries, et, en 1867, au moment de l'Exposition et des visites à Paris de tous les souverains, il fut attaché à la personne d'Ismaïl-Pacha, alors vice-roi d'Égypte. — Mon père partit pour Lyon au-devant du Khédive, puis le conduisit à Paris, où il logeait avec lui aux Tuileries (pavillon de Marsan).

Ismaïl-Pacha fut pour mon père d'une extrême amabilité, et, à son départ, ma mère reçut une superbe broche en perles fines entourées de diamants.

En juillet de la même année, mon père se rendit au camp de Châlons, où il passa quarante jours au quartier général avec l'Empereur et sans aucun commandement. Mais l'année suivante, à la même époque, il retourna au camp pendant deux mois avec une brigade de dragons.

Ma mère vint alors passer une semaine avec mon père, et elle voulut bien m'emmener. Nous étions logées dans une baraque exposée aux quatre vents et à la pluie; mais je me rappelle la joie que j'éprouvais à être ainsi campée. Je me suis bien amusée pendant ces huit jours, et j'étais toute triste en quittant mon père et tous les militaires. Mon père avait en ce moment pour aide de camp un charmant lieutenant d'état-major, le marquis d'Heilly, qui passait ses loisirs à me faire des cerfs-volants, à inventer mille jeux amusants pour mon enfance, et j'ai gardé un bon souvenir de sa complaisance et de sa gaieté.

L'année 1869 commença sans événements; mon père continuait ses semaines de service aux Tuileries, où j'allais souvent le voir avec ma mère. Je n'oublierai jamais le salon de service où l'on me faisait fête et où je restais longtemps à contempler des petits soldats-poupées exposés dans une vitrine et habillés de chaque uniforme de l'armée. — Ils appartenaient au Prince Impérial et faisaient mon admiration.

Ismaïl-Pacha revint encore à Paris au printemps de 1869 et voulut bien demander à l'Empereur de lui rendre mon père pendant son nouveau séjour en France, qui fut cette fois de plus courte durée. Son second départ fut marqué comme le précédent par un splendide présent : un collier magnifique, se montant aussi en diadème, et offert à ma mère, qui me le donna lors de mon mariage.

...Je ne veux pas parler ici des événements qui commencèrent l'année 1870, et dont la suite est, hélas! trop connue; j'ai, du reste, un peu oublié les premiers mois de cette malheureuse année, et je ne puis reporter ma pensée qu'au mois de juin. Mon père souffrait déjà de la goutte et avait été envoyé aux eaux de Contrexéville, où nous venions de nous installer depuis une huitaine de jours, quand nous reçûmes des nouvelles très-inquiétantes qui nous forcèrent à regagner Paris.

Un mois plus tard, la guerre était déclarée, et mon père partait avec l'Empereur, le 28 juillet.

Mes souvenirs s'embrouillent après ce douloureux départ, mais je me rappelle cependant que nous partîmes aussi le lendemain, ma mère et moi, pour notre terre de Bellozanne, où ma grand'mère était installée depuis un mois.

II

Quelles tristes journées succédèrent à notre arrivée en Normandie! Les nouvelles étaient rares, les lettres courtes; on passait de l'espoir à la crainte, et ma mère s'inquiétait à l'excès. — Quant aux impressions de mon père, on les connaîtra en lisant ci-après les principaux passages de ses lettres, adressées à ma mère, et que je me suis fait un devoir de copier pour éclairer bien des gens sur les événements qui se passèrent alors, et qu'on a si souvent amplifiés ou dénaturés.

« Metz, 29 juillet 1870.

« ...Nous voilà arrivés à Metz après avoir été « accueillis sur toute la route avec un enthou- « siasme indescriptible. On ne peut se faire une « idée des cris de joie de cette population, heureuse « de voir l'Empereur et le Prince Impérial, et « de leur offrir des bouquets en immense quan- « tité.

« A Bar-le-Duc, tout le département, je crois, « était là ; j'ai vu le moment où les wagons allaient « être enlevés par la population.

« A Commercy, Châlons, Épernay, c'était la « même chose.

« A Metz, on se demande d'où sort cette multi- « tude mêlée de bourgeois et de soldats de tous les « uniformes. Il nous a fallu plus d'une heure pour « nous rendre de la gare à la préfecture ; il règne « un certain désordre parmi les soldats, mais « c'est l'affaire de quelques jours, et cela se mo- « difiera très-vite, car il est absolument néces- « saire que l'ordre le plus parfait règne parmi les « troupes.

« Nous sommes tous logés dans un hôtel, et « l'Empereur est à la préfecture, où nous nous « rendons pour le déjeuner et le dîner. Nous fai- « sons le service par vingt-quatre heures, et nous « ne nous couchons pas dans ce cas, car l'aide de « camp de service reste dans une pièce qui pré- « cède la chambre de l'Empereur, il décachète les « lettres et les télégrammes, et ne réveille l'Empe- « reur qu'autant que la gravité de la dépêche le « demande. Nous resterons ici deux ou trois jours. « L'Empereur sort aujourd'hui à midi en voiture « pour visiter les deux corps d'armée Bazaine et « Bourbaki (garde), lesquels sont campés en de- « hors de la ville.

« Ce pauvre Ferdinand[1] n'a pas eu de chance, « le tonnerre est tombé il y a quelques jours sur « la tente de ses officiers; trois capitaines d'état-« major sont grièvement blessés, et l'on ne sait si « l'on pourra les tirer d'affaire. — Ferdinand était « avec eux un instant auparavant!

« Ce que l'on voit de généraux, d'officiers de « toutes armes, est inconcevable! Crespin n'a pas « de commandement de cavalerie, il commande la « division, et est furieux. Je l'ai vu hier mangeant « seul à l'auberge comme un grigou!. . . . . . »

« Metz, 30 juillet.

« ...Je n'ai pas de nouvelles à te donner, nous « n'avons rien fait hier que nous promener. — « L'Empereur est allé avec le prince et l'aide de « camp de jour visiter les troupes qui sont à « Saint-Avold; j'ai profité de cette liberté pour « aller au camp de la cavalerie de la garde, qui est « à quatre kilomètres de Metz; j'y ai vu les dra-« gons et les cuirassiers.

« ...Les chevaux sont arrivés à bon port, mais « ils sont restés quarante-huit heures en route! « Un de ceux de l'Empereur a eu la jambe cassée « pendant le voyage. Il ne me semble pas pro-

[1] Le général comte de Lorencez, cousin germain de mon père, et qui avait eu une part active en 1862 dans la guerre du Mexique.

« bable qu'on fasse des mouvements d'ici à quel-
« ques jours, car les corps d'armée ne sont pas
« encore prêts, c'est bien difficile avec une admi-
« nistration si paperassière, si difficultueuse et
« parfois si lente! Il ne serait pas étonnant que
« l'Empereur allât aujourd'hui à Thionville et
« demain à Bitche, afin de voir les différents
« corps, avant de changer d'étape. L'activité du
« maréchal Lebœuf est surprenante, il ne pèse pas
« une once, est toujours par voies et par chemins,
« et cependant n'arrivera pas, de quelques jours,
« à créer tout ce qui manque!

« ...Je viens d'avoir une longue conversation
« avec l'intendant général, et je ne doute pas que
« nous n'en ayons encore pour plusieurs jours à
« rester ici, car rien n'est prêt!

« Je ne serais pas étonné que l'on fît une diver-
« sion et que nous ne passions le Rhin vers Stras-
« bourg.

« Metz et tous les points occupés par nos trou-
« pes regorgent d'espions prussiens; tous les
« jours on s'empare de quelques-uns, mais je
« crains qu'il ne s'en échappe assez pour très-bien
« renseigner l'ennemi sur nos mouvements.

« . . . . »

« Metz, 1er août.

« ...Quand tu recevras cette lettre demain « mardi, il se passera une affaire, peut-être très- « importante. Reille est parti hier pour Saint- « Avold, où doivent se réunir Bazaine, de Failly « et Frossard; il a dû les voir le soir et leur porter, « avec force détails, l'ordre de l'Empereur d'en- « gager demain mardi dès le matin, au moins un « combat avec les troupes prussiennes qui se trou- « vent en dehors et sur les flancs de Saarbruck... « L'un doit les attaquer sur le flanc droit, l'autre « de front, et le troisième se joindra aux deux « autres.

« Les avis sont différents sur le nombre; les uns « prétendent qu'il y a de 26,000 à 30,000 Prus- « siens, d'autres versions assurent qu'ils peuvent « réunir 50,000 hommes. Enfin, le canon et la pou- « dre parleront contre eux demain avec ces trois « corps d'armée, au moment où tu liras cette lettre.. « Il y a tout espoir que nous l'emporterons, et « aussitôt après, je crois que le quartier général « sera porté, ou sur Forbach, ou sur Saarbruck, « si l'on a pu tout déblayer.

« Les corps qui seront en avant se concentre- « ront sur Trèves (ceci n'est plus qu'une suppo- « sition de notre part).

« Tu ne pourras avoir des nouvelles détaillées « de cette affaire que jeudi ou vendredi. Reille « n'est pas encore revenu, mais nous l'attendons « dans une heure. Il viendra rendre compte à « l'Empereur des dispositions qui ont dû être « prises par ces messieurs, tant dans la nuit der- « nière que dans la matinée d'aujourd'hui. Il a eu « pour aller là une locomotive express, sur laquelle « il reviendra.

« ...En ce moment, il pleut à torrents; c'est « très-heureux, car cela changera un peu le temps, « qui était vraiment accablant. Il est très-probable « que, par suite de l'affaire en question, nous ne « resterons pas à Metz. Je te dévoile des secrets « qui ne sont encore connus de personne, mais qui « n'en seront plus quand tu ouvriras cette lettre. »

« Metz, le 2 août, 8 heures du matin.

« ...Nous attendons des nouvelles aujourd'hui. « Toute la nuit, nous avons été sur le point de « partir; ce n'est qu'à quatre heures du matin que « l'Empereur, sur des renseignements qui lui sont « parvenus, s'est décidé à rester, mais nous ne « serons pas longtemps ici. . . . .

« J'ai reçu une lettre de mon frère, qui est à « Saint-Avold, s'étant rapproché avec son corps « d'armée de ceux qui opèrent. Aujourd'hui, il a

« passé à Flastroff. Ses lettres m'arrivent de la « façon la plus irrégulière, tantôt le matin, tantôt « à cinq heures, et parfois à dix heures du soir; il « y a un bouleversement complet dans le service « de la poste. »

« 8 heures et demie.

« L'Empereur part à l'instant pour Forbach « avec le prince et l'aide de camp de service, il est « probable qu'il reviendra ce soir; autrement, « il nous ferait venir.

« . . . . »

« Metz, 3 août (journée).

« Metz commence à s'agiter un peu, car les « troupes partent successivement. Il n'y a plus « que la cavalerie de la garde, à la porte dans le « polygone... Reille est revenu cette nuit, les « choses se feront à peu près comme je te l'écrivais « hier, avec quelques modifications, cependant, à « cause des difficultés qu'offre le passage de la « Saar, qui est très-encaissée et dont la largeur est « d'environ quarante mètres.

« J'ai vu Friant, il est venu déjeuner avec moi. « .....Je prends le jour demain matin.

« . . . . »

« Metz, 2 août, 5 h. 10 m. du soir.

« ...Saarbrück pris, peu de victimes, détails « demain. . . . .
« . . . . »

« Metz, 3 août.

« ...Beaucoup de bruit, beaucoup de fumée « pour peu de chose, voilà la prise de Saarbrück ! « Mais voilà la conséquence des renseignements « mal pris. On avait fait de cette prise une affaire « d'État, et, en somme, il n'y avait pas plus de « 3,000 hommes dans la place. Dès qu'ils nous « ont vus, ils se sont mis à courir dans une direc- « tion opposée, en tirant cependant quelques « coups de canon et de fusil. Enfin, nous avons « eu 16 hommes tués et un officier.

« Quoi qu'il en soit, c'est toujours un point « pris sur le territoire ennemi, et qu'il ne faut pas « rendre; mais il est nécessaire, il est même « temps que l'on fasse davantage. D'après les « nouvelles que nous recevons à l'instant, il y a « eu 63 blessés et 17 morts chez nous; on ne sait « pas le résultat de l'autre côté..... Ma lettre est « bien décousue, mais cela tient aux circonstan- « ces; au moment où je t'écris, on amène 47 pri-

« sonniers, dont 5 officiers, tous jeunes, bien « élevés et parlant français. Ils ne veulent rien « dire, mais ils sont tous unanimes à reconnaître « que le chassepot est bien supérieur à leur fusil; « on va les conduire à la citadelle pour ensuite « les diriger sur Tours et autres villes.

« ...On dit que le corps d'armée de Mac Mahon « doit avoir aujourd'hui un engagement entre « Wissembourg et Landau; nous aurons ce soir « des détails, mais il paraît que nous ne bouge- « rons pas encore; rien n'indique *en ce moment* « que nous devions quitter Metz avant deux jours. « Y passer une semaine! C'est bien long; enfin, « il faut se soumettre.

« ...Tout le matériel s'améliore beaucoup; je « crois que dans peu de temps tout sera assez « complet pour qu'on puisse se porter en avant. »

« Metz, 4 août.

« Je descends de service; la nuit a été très- « agitée; deux fois, j'ai été obligé de réveiller « l'Empereur : on dit que 40,000 hommes se con- « centrent entre Trèves et Saarlouis..... Allons- « nous les attendre? ou allons-nous nous porter « au-devant d'eux? Voilà ce qui n'est pas encore « décidé.

« La garde part ce matin de Metz pour Boulay,

« qui est à sept lieues d'ici; on n'a laissé qu'un « bataillon et un escadron. Il est probable que « nous les rejoindrons ce soir ou demain. . . . »

« Metz, 5 août (matin).

« ...Mauvaises nouvelles sur notre droite; voici « la dépêche textuelle et unique (datée d'hier « 4 août, à quatre heures et demie du soir) :

« ...Division Abel Douay en retraite avec « grandes pertes, lui-même très-grièvement « blessé. »

« Toujours la même chose! l'armée française « ne sait jamais être renseignée, elle s'occupe d'un « point insignifiant sur sa gauche, quand l'ennemi « arrive avec des forces considérables sur sa « droite! On ne s'en doutait pas, et nous avons « les plus grandes craintes d'apprendre aujour- « d'hui, que le corps de Mac Mahon ne se soit « séparé du reste de l'armée; enfin, dans ce « moment, la guerre se passe en France, ce que « l'on aurait dû éviter, et il sera peut-être difficile « d'empêcher l'ennemi de pénétrer davantage. Il « a des forces énormes, qu'on ne lui connaissait « pas! Quatre divisions sont tombées sur la divi- « sion Douay, et tout cela se passe entre Bitche « et Sarreguemines!..... Il vient d'arriver une « dépêche de Mac Mahon donnant les positions

« qu'il occupe, et disant qu'il s'attendait pour « aujourd'hui à une bataille. . . . .

« ...Il est une heure, nous n'avons pas encore « de nouvelles de Mac Mahon, Douay est tué, « nous avons perdu une pièce d'artillerie dont « tous les chevaux avaient été tués!. . . . . « Charles Gudin [1] est à cinq lieues d'ici; il n'y a « que Souancé qui soit resté ici pour la garde de « l'Empereur pendant sa présence à Metz..... A « l'heure où je t'écris, Mac Mahon et de Failly « doivent se battre à vingt lieues de nous! »

. . . .

On voit que dès le début de cette triste guerre, mon père se fit peu d'illusions; il fut effrayé, comme on le verra encore plus loin, des forces prussiennes, et il jugea bientôt toute l'étendue de nos désastres.

«Metz, 6 août.

« ...Le combat qui a eu lieu il y a deux jours, « à Wissembourg, a été magnifique pour notre « armée; voilà le bulletin que les Prussiens avaient « télégraphié à Berlin par la Suisse, et qui a été « pris par nous :

« ...Victoire sanglante, un officier général tué,

[1] Comte Charles Gudin, cousin germain de ma mère, et alors capitaine de cuirassiers.

« une pièce d'artillerie prise, cinq cents prison-
« niers. »

« ...Nous n'avons pas encore tous les détails « concernant nos troupes, parce que Mac Mahon « est en train de prendre une position pour se « défendre, mais nous devons supposer que les « pertes de l'ennemi sont très-grandes, puisqu'il « n'a pas attaqué hier, quand il savait que Mac « Mahon avait perdu presque une division et « qu'ils avaient, eux, des forces considérables. « (On dit qu'ils ont attaqué avec 60,000 hommes « la division Douay, qui n'avait que trois régi- « ments et un bataillon de chasseurs.) Ces « malheureux se sont battus comme des lions « pendant deux heures, ils n'ont pu résister au « nombre et ont eu 1,800 à 2,000 hommes hors « de combat, tant morts que blessés, c'est-à-dire « plus du tiers!

« Mac Mahon attendait hier deux divisions du « corps de Failly et une du corps de Félix Douay « (frère d'Abel). — Si elles arrivent à temps, il « sera en mesure d'attaquer; autrement, il restera « sur la défensive entre Bitche, Sarreguemines « et ce qu'on appelle « le Pigeonnier ».

« Il est probable qu'il n'y a rien eu de la journée, « et que maintenant les renforts sont arrivés à « Mac Mahon.

« Du reste, ne pouvant se porter sur les lieux

« qui comprennent, en définitive, toute la frontière « depuis Thionville jusqu'à Wissembourg, l'Em- « pereur a bien fait de former deux armées sous les « ordres de Bazaine et de Mac Mahon. De cette « façon, il peut correspondre avec eux, et se porter « vers le point où sa présence pourrait être néces- « saire.

« Aujourd'hui, l'Empereur se rend à Saint- « Avold, où il a donné rendez-vous à Bazaine et « à Frossard. Ces derniers observent l'ennemi « qui pourrait déboucher par Saarlouis, car il « est certain que le général Guében occupe la « ligne de Trèves à Saarlouis avec 60,000 hommes. « Canrobert, qui était à Châlons, vient de recevoir « l'ordre d'arriver à Nancy.

« ...L'ennemi est beaucoup mieux organisé « qu'on ne le croyait, ils sont plus prêts que nous, « quoi qu'on en ait dit, et la preuve, c'est que se « sentant très en nombre, ils ont pris l'offensive, « rôle qui nous était parfaitement dévolu !

« ...Le bruit court en ville que Mac Mahon a « repris sa revanche et qu'il vient d'obtenir un « grand succès, cela s'imprime même dans les « journaux de Metz ; mais je te le répète, aucune « nouvelle positive ne nous est encore par- « venue. . . . .

« ...Nous partons demain pour Saint-Avold, « où nous resterons. . . . .

« Au moment où j'écris, Frossard est attaqué « sur toute la ligne! . . . .

« Tu n'auras peut-être pas de lettre de moi du « 7, car ayant douze lieues à faire à cheval, nous « partirons de grand matin. . . . . »

« 7 août.

« ...Jamais défaite n'a été aussi grande! — Le « corps de Mac Mahon est réduit à 200 hommes « par division! et celui de Frossard est à peu près « dans les mêmes conditions.

« ...Il est probable que les Prussiens attaqueront aujourd'hui le corps de Bazaine, qui subira « le même sort! . . . .

« ...Voilà ce que c'est que de faire la guerre en « petits paquets; eux, tombent au nombre de « 150,000 sur nos corps qui ont de 30,000 « à 35,000 hommes! . . . .

« ...Tout le monde en retraite, stupeur générale partout, et par-dessus tout la crainte de voir « Paris se déclarer en république avec un comité « de salut public. Je me suis levé à deux heures, « puis à trois heures l'Empereur est venu jusqu'au « chemin de fer pour Saint-Avold. On l'a dissuadé de partir, j'y ai été envoyé, et je suis « revenu à dix heures et demie.

« Bazaine y est, on a disséminé ses troupes.....

« Il sera écrasé si l'ennemi se présente, et il se « présentera.

« ...On fait partir aujourd'hui à deux heures « deux de nos chevaux pour Châlons.

« ...Les Prussiens y seront avant nous!..... Le « corps de Charles (mon frère) n'a pas encore « donné, il se rapprochera demain de Metz. De « nous tous, Frignet est le seul qui ait vu le feu...

« Je suis navré de tout cela, jamais on n'aurait « pu s'attendre à de pareils événements. . . . . .

« ...Je suis dans l'anéantissement de ce qui « est..... Mon imagination se refuse à y croire, « tant tout a été prompt, invraisemblable, loin « des certitudes de tous!..... Je ne puis rien dire « d'assez fort pour cette déroute, la fuite n'a pas « eu lieu, mais c'est l'absorption complète de ce « corps de Mac Mahon, commandé par un homme « énergique, connaissant la guerre, et composé « en quelque sorte de nos meilleures troupes « d'Afrique..... Mac Mahon et ce qui lui reste « sont retirés à Saverne; mais il n'a plus un corps « constitué.

« ...L'Empereur vient de lui envoyer un aide « de camp (de Waubert).

« ...Frossard a quitté Sarreguemines et s'est « rapproché..... il est en ce moment à Puttelange.

« ...Nous partirons sans doute cette nuit pour « Châlons. J'aurais voulu, moi, qu'on restât

« ici à attendre les débris de ces malheureux corps, « et qu'on se concentrât dans cette place forte. — « L'Empereur veut rester au centre de son armée, « il a raison, mais il faut la reconstituer!. . . . .
« . . . . »

« Metz, 8 août.

« ...Je suis moins mécontent qu'hier, quoi- « qu'on n'ait absolument rien fait, mais j'espère « la reconstitution de l'armée, justement parce « que l'ennemi n'a attaqué hier, ni Bazaine, ni « Ladmirault. C'est une preuve qu'il a éprouvé « de grandes pertes, il a dû se reposer et enterrer « ses morts..... Si, selon mes craintes, ces deux « corps eussent été attaqués, nous étions totale- « ment perdus.

« Aujourd'hui, se renforçant entre eux, ils vont « opérer une retraite, et Bazaine, prenant le com- « mandement de tout, aura une armée solide qu'il « pourra opposer à toute armée ennemie.

« Je suis furieux qu'on quitte Metz; il faudrait, « dans les plaines qui avoisinent la ville, refaire « cette armée, en organiser une autre, attendre, « ou marcher en avant. . . . .

« Chacun de dire que leur objectif est Paris ou « Nancy; moi, je dis non : ils veulent battre tour à « tour nos petits paquets, puis rentrer en Alsace,

« s'y installer, en chasser notre administration,
« s'emparer de ce qui y est et dire : « C'est à nous,
« dirigeons. » ...Voilà leur but, j'en suis sûr...
« Qui vivra verra, mais comment supposer qu'en
« quinze jours, après avoir déclaré la guerre avec
« tant d'enthousiasme, nous en serions là!. . . .

« ...Je le répète, je suis moins inquiet, tout est
« réparable, il faut seulement se hâter..... Mais
« des hommes, des hommes, non en nombre,
« mais *en tête*..... où sont-ils?..... il n'y en a donc
« plus en France?

« ...Mac Mahon a télégraphié à Metz; mais,
« craignant que le télégraphe ne fût coupé, il a
« envoyé cette dépêche par un paysan qui n'a pu
« arriver que trente-six heures après. On allait la
« déchirer, j'ai mis alors la main dessus, et je veux
« la garder, je te l'envoie ci-joint, mets-la dans
« mes papiers, car c'est un papier historique et un
« des documents les plus curieux de la campagne. »

Je copie ci-dessous textuellement cette dépêche envoyée alors à ma mère, et que j'ai en ce moment sous les yeux.

Le maréchal de Mac Mahon à l'Empereur.

« 6 août 1870.

« ...J'ai été attaqué ce matin à sept heures par
« des forces très-considérables. J'ai perdu la

« bataille, nous avons éprouvé de grandes pertes « en hommes et matériel. La retraite s'opère « en ce moment, partie sur Bitche, partie sur « Saverne; je tâcherai de gagner ce point, où je « reconstituerai l'armée. Nos hommes ont perdu « la plus grande partie de leurs sacs.

« Maréchal DE MAC MAHON. »

Après plusieurs autres détails sans importance, la lettre de mon père reprenait ainsi :

« ...J'ai fait partie d'un conseil avec Lebœuf, « Bourbaki et Bazaine pour délibérer, et faire à « l'Empereur le détail de la position, et de ce qu'il « y a à faire pour le moment..... Ce qui me « satisfait beaucoup, c'est que la population est « calme et résignée; j'avais peur, hier, qu'elle ne « fût très-hostile. . . . .

« Maurice Richard, le ministre, est venu ici et « nous a dit, au contraire, que Jules Favre lui-« même était allé au ministère et avait dit que, « devant de tels événements, l'opposition n'existait « plus, et qu'il n'y avait que la France!

« Si c'est ainsi, l'Empereur n'aura pas de préoc-« cupations au moins de ce côté, et tout ira peut-« être mieux.

« ...Waubert arrive de Saverne, où il avait été « envoyé près de Mac Mahon; il l'a trouvé à « demi mort de fatigue, après être resté près de

« vingt-cinq heures à cheval, son moral abattu; « mais il part aujourd'hui pour Châlons, afin d'y « refaire son armée; il ne sait ce que sont devenus « soldats, armes, canons; tout cela revient petit à « petit, ayant été disséminé de tous côtés. Il a « en ce moment 10,000 hommes, sans bagages, « sans sacs, et dénués de tout!

« ...Brauer a fait deux belles charges de cava- « lerie; sa brigade de cuirassiers n'existe presque « plus; il y a des hommes qui sont allés jusqu'à « Strasbourg!

« ...Le général Colson est tué, ainsi que le « capitaine de Vogüé, officier d'ordonnance du « maréchal. . . . .

« . . . . »

III

Pendant que mon père était ainsi avec l'Empereur, son frère, mon oncle Pajol, commandait une brigade d'infanterie dans la division de leur cousin germain le général comte de Lorencez, déjà nommé, et qui faisait partie de l'armée de l'Est. Mon oncle Pajol avait alors pour aide de camp son gendre, M. Emmanuel Bocher, capitaine d'état-major, qui avait épousé ma cousine en 1863, quand je n'avais encore que trois ans.

Quant à Napoléon, sorti de Saint-Cyr en 1869, il venait d'entrer à l'École d'état-major quand la guerre fut déclarée, et ce ne fut que plus tard qu'il eut son tour parmi les combattants.

Je reprends maintenant la lettre de mon père qui suit la précédente et est datée du même 8 août, à onze heures et demie du soir. . . . . .

« ...Enfin on reste à Metz, mon opinion l'em-
« porte, et si l'on m'écoutait, l'offensive serait prise
« dès demain; mais ce que je blâme et sur quoi je
« n'ai pu dire un mot, c'est le renvoi de Canro-

« bert de Châlons, pour reformer une armée près « de Paris, au centre des passions et du mauvais « esprit.

« C'est justement à Châlons qu'il devait rester... « Demain, je prends le jour, et certainement je « dirai ce que je pense; je me moque du désagré- « ment qui peut en résulter; mon devoir, dans « des circonstances pareilles, est de ne rien cacher « de ce qui intéresse le salut de l'Empereur et du « pays. J'ai vu ce matin les officiers d'ordon- « nance qui, m'assurant de leur confiance, m'ont « prié de dire à l'Empereur toute leur pensée, qui « est exactement la mienne. Je ne veux être le « bouc émissaire de personne, mais si l'occasion « se présente, je saurai faire à l'Empereur, dont je « suis le plus dévoué serviteur, les respectueuses « observations que je jugerai nécessaires.

« ...Reille vient de partir pour Châlons, afin « de transmettre les ordres à Canrobert. . . . . »

« Metz, 9 août (matin).

« ...Le colonel du 96e a été tué. Je ne sais pas « encore l'effectif des tués et blessés du corps de « Mac Mahon, mais un régiment a perdu son « colonel, le lieutenant-colonel et trois chefs de « bataillon..... Toutes les troupes se massent aux « environs, et bientôt l'armée sera prête..... Les

« Prussiens sont arrivés à Saint-Avold aussitôt « notre départ, et le chef de gare l'a télégraphié « immédiatement.

« Mac Mahon a perdu 50 pièces de canon, « 8 mitrailleuses, 2 drapeaux, et les trois régi- « ments de zouaves n'ont plus un seul officier « supérieur, car tous sont tués ou blessés!

« Je suis parti à quatre heures du matin avec « l'Empereur pour Faulquemont. . . . .

« ... L'Empereur a conféré avec Bazaine, auquel « il a donné le commandement de l'armée pouvant « être réunie sous Metz d'ici deux jours, et offrant « une résistance d'environ 100,000 hommes, si « on nous laisse le temps de les masser; mais, « hélas! on craint que non, car Ladmirault « annonce qu'il sera attaqué ce soir!

« D'après nos renseignements, je ne le crois pas, « parce que je sais que le commencement de leurs « forces est à près de dix lieues!

« Un télégramme arrivé par le ministère des « affaires étrangères dit que les Prussiens atta- « queront l'armée de l'Empereur avec 450,000 « hommes. Je crois tout cela fort exagéré; enfin, « d'ici à quelques jours, on verra.

« ... Le général Changarnier est arrivé ici ce « matin et nous a accompagnés dans notre course.

« ..... Par suite de tous ces contre-ordres, la moitié « de nos chevaux à tous est à Châlons, l'autre

« moitié ici; par conséquent, si on livre une « grande bataille d'ici à quelques jours, nous « n'aurons pas la moitié de ce qu'il nous faudra. « Que l'on gagne du temps, quarante-huit heures « seulement, et nous serons dans des conditions « à résister à tout !

« ...J'ai vu ce matin Rochebouët et Montau- « don. . . . . »

« Metz, 10 août (matin).

« ...Je pars avec l'Empereur dans un instant, « je ne sais pour où aller. Je pense que c'est pour « visiter les corps qui arrivent successivement aux « environs de Metz.

« D'ici demain, nous serons prêts. Les Prus- « siens se forment en masses très-nombreuses à « dix lieues d'ici, mais les télégrammes qui nous « viennent tant de Belgique que de Prusse disent « qu'ils ne veulent pas attaquer.

« Ils veulent marcher directement sur Paris, « mais cela me paraît improbable, je doute qu'ils « laissent derrière eux une armée qui les abîme- « rait..... J'ai vu les dépêches de Paris, elles sont « tristes. Deux courants différents. Persigny écrit : « Tout va bien », tandis que Piétri le préfet dit, « au contraire, que des bandes se sont promenées « en grand nombre sur tous les boulevards. Après

« avoir porté en triomphe tous les députés de la « gauche, ils se sont donné rendez-vous pour le « surlendemain (qui est aujourd'hui), en criant : « Vive la République ! » et : « Nous aurons des « armes ! ». . . . .

« ...Voilà donc un changement de ministère. « Je savais d'ici que Lebœuf avait donné sa « démission, ayant été attaqué très-vigoureuse- « ment par les Chambres, et avec raison, car il est « bien coupable d'avoir dit : « Nous sommes « prêts », quand nous en étions si loin !

« ...Je crois qu'ici nous serons tranquilles « aujourd'hui et peut-être demain ; les troupes « de tous les corps se rendent près de nous, « excepté Mac Mahon, qui est descendu avec son « peu de monde vers Nancy, où il arrivera demain « matin.

« ...De Failly le suit de près et nous manque, « car il a deux divisions qui feraient nombre, et l'on « en a besoin... Depuis son installation aux envi- « rons de Bitche, il ne s'est pas battu, on n'a pas « entendu parler de lui, et il a fait des pérégrina- « tions inconcevables. Peut-être a-t-il raison, car « on lui a enlevé une division, il se trouvait pro- « bablement trop faible pour résister, et a cherché « le moyen de sauver son monde..... J'ai reçu « hier une lettre de mon frère, datée du 2 ! et il « est à cinq lieues de nous, depuis dix jours ! »

« Metz, 11 août.

« Les Prussiens s'installent en Alsace et en « Lorraine, ils prennent tous les hommes de dix-« huit à quarante ans, les envoient en Prusse et « les incorporent dans leurs régiments; ils en ont « besoin, car leur armée, quoique très-nombreuse, « se compose presque entièrement de jeunes « gens. . . . .

« On vient de nous amener vingt-cinq prison-« niers presque tous de l'infanterie, ce sont des « enfants de dix-sept à dix-huit ans! Il n'y a pas « un homme dans tout cela, mais ils sont menés « militairement par leurs officiers, qui sont très-« durs pour eux, tandis que chez nous la discipline « s'est relâchée d'une manière affreuse.

« ...Combien, après la guerre, on sera obligé « d'en revenir aux vieilles idées pour l'armée, sans « écouter ces braillards de députés qui sont la « cause de tous nos maux!

« ...Il faudra bien des modifications, surtout « dans l'administration et dans l'intendance. . . .

« Favé, Waubert et Reille partent à l'instant pour « visiter les troupes qui viennent d'arriver en leur « absence. . . . .

« ...L'Empereur nous fait appeler, Castelnau « et moi. . . . .

« Il pleut à torrents depuis hier soir; c'est ter-
« rible pour nos pauvres soldats qui sont couchés
« par terre depuis si longtemps!
« . . . . »

« Metz, 11 août (soir).

« ...La vie que nous menons ici n'est pas des plus
« agréables, nous vivons dans des préoccupations
« constantes, nous ne faisons rien, et cette inac-
« tion, quand on voudrait tant aller en avant, est
« tuante!

« ...Si le ciel s'éclaircit un peu aujourd'hui, je
« monterai à cheval pour aller voir mon frère. Tous
« les corps se sont bien rapprochés de Metz; hier ils
« en étaient à douze ou treize kilomètres, et aujour-
« d'hui ils ne sont plus qu'à une lieue et demie.

« ...On a pris hier un espion des plus impor-
« tants; il est Américain, parfaitement mis, d'excel-
« lente tournure; il avait sur lui des dépêches
« chiffrées et subit en ce moment son interroga-
« toire, après lequel il sera fusillé en compagnie
« de quatre de ses acolytes. . . . .

« Il y a de 6 à 7,000 Prussiens à Saint-Avold,
« qui, évidemment, rassemblent leurs forces; mais,
« avec cette pluie, ils ne pourront faire manœu-
« vrer leur artillerie, qui ne peut avancer dans les
« terres labourées... Nous avons, il est vrai, le

« même inconvénient, mais nous pouvons au « moins nous approvisionner, tandis qu'ils n'ont « d'autres ressources que de dévaster les pays par « lesquels ils passent, ce qui est bientôt fait.

« ...Le grand prévôt (général de Saint-Sauveur) « sort d'ici et m'a dit que le fameux espion, avant « d'être fusillé, avait fait des aveux peut-être très- « utiles, entre autres que les deux armées du « prince Charles et du Prince Royal se réunissent « à Saar-Union pour marcher sur notre flanc droit « en se dirigeant vers Paris; 2° que le général « Steinmetz est du côté de Thionville et de Saar- « louis avec 80,000 hommes (l'armée des princes « est évaluée à 300,000), et enfin qu'il y avait en « plus, dans le Palatinat, une forte armée de cava- « lerie en voie de formation. Malgré cela, nous « pourrions les vaincre dans un pays de plaines; « mais avec des forces pareilles contre nous, il « est impossible de les tenir le long des bois qu'ils « ne cessent d'occuper depuis leur entrée en cam- « pagne. Nous n'ajoutons qu'une foi limitée aux « racontars de l'espion; cependant on l'a conservé « quelque temps pour en tirer parti si cela est « possible.

« ...La pluie continue, et l'on ne peut sortir des « bivouacs, car on enfonce à un pied de profon- « deur. . . . .

« ...Il y avait un grand désordre en toutes

« choses jusqu'ici, mais tout cela s'améliore de « jour en jour, depuis que c'est entre les mains de « Bazaine. »

« Metz, 13 août.

« ...On vient de nous apprendre l'occupation « de Nancy par deux régiments prussiens; donc « le chemin de fer doit être coupé, et je ne sais si « cette lettre te parviendra..... Nous attendons « qu'on nous mette en mouvement, ne pouvant « rester longtemps ainsi; il faut marcher, et « attaquer soit leur flanc droit, soit à l'arrière. « Il est impossible que nous ne nous rendions pas « maîtres de toutes ces hordes : ce n'est pas une « armée venant combattre, c'est un peuple tout « entier faisant invasion sur un autre peuple. Mais « il y a trop de ressources dans notre pays pour « ne pas réparer bientôt les quelques revers que « nous avons subis.

« ...J'ai vu hier mon frère, puis Emmanuel « (Bocher) et Ferdinand (de Lorencez); tous « allaient bien, ainsi que moi. . . . .

« ...Lebœuf, Lebrun, Jarras, sont démission- « naires; tout est concentré entre les mains de « Bazaine..... Canrobert, quoique plus ancien que « Bazaine, n'a pas hésité à venir se mettre sous « ses ordres. C'est une de ces abnégations dont on

« doit savoir gré, et qui viendront à la rescousse « de nos armes. »

« Metz, 14 août, 8 h. matin.

« ...Hier, le général Margueritte a fait une « reconnaissance, 35 prisonniers, et pris 35 che- « vaux. Il a reçu d'un officier prussien un coup « de sabre sur la tête qui n'a endommagé que son « képi. . . . .

« ...Je ne peux avoir des nouvelles de d'Heilly; « il est avec le corps de Failly, qui fait une retraite « sur Châlons en prenant de grands détours. — « Ce corps n'a pas eu d'engagement; mais ayant « donné une de ses divisions au corps de Mac « Mahon et se trouvant trop faible, il a préféré « éviter le combat avec un ennemi dix fois plus « fort que lui. Il formera donc avec Mac Mahon « un noyau d'armée qui sera successivement « augmentée, et avec laquelle on se maintiendra « en avant de Paris..... Gramont a bien supporté « son horrible amputation du bras. Quant à d'El- « chingen, il a eu deux chevaux tués sous lui sans « avoir été blessé; il sera le digne petit-fils de Ney.

« ...Aymard, Lhérillier et Pellé sont nommés « généraux de division.

« ...Il y a beaucoup d'élan parmi les troupes, « et on parle d'un mouvement pour aujourd'hui. »

« Metz, 14 août (midi).

« Nous partons de Metz... On dit pour « Verdun... Je ne sais. . . . .
« . . . . »

« Camp de Châlons, 17 août.

« ...A peine étions-nous partis de Metz que le « corps d'armée n° 3 a été attaqué par les Prus- « siens : le résultat a été heureux pour nous, sans « cependant de grandes prises, à cause de la nuit « arrivée trop tôt. Le champ de bataille était « jonché de 7 à 8,000 Prussiens, tandis que nous « n'y avons laissé que 1,800 hommes. Le « général Decaen, qui avait pris le commande- « ment du 3e corps, a reçu une balle au genou. Ce « commandement a été donné au maréchal « Lebœuf, qui a cessé de faire son service de major « général..... Nous sommes allés à Moulins (à « trois kilomètres de Metz), où, quoique séparés « du champ de bataille par la Moselle, les bou- « lets venaient dans nos maisons. — Le colonel, « un chef de bataillon et un capitaine du 10e ont « été tués par des éclats d'obus à trente mètres de la « maison occupée par l'Empereur, qui, avec son « état-major, a pris par les hauts plateaux pour « venir coucher à Gravelotte, où nous ne sommes

« arrivés qu'à cinq heures du soir, à cause des « mouvements de l'armée et surtout des bagages, « qui augmentent dans des proportions ridicules.

« Nous savions que l'armée ennemie entourait « la nôtre, et il n'était que temps de sauver l'Em- « pereur, qui partit le lendemain avec une brigade « de chasseurs d'Afrique pour s'arrêter à Verdun, « ville fortifiée. Nous avons déjeuné à Étain, « que nous venions de quitter quand le télégraphe « a été coupé..... De Verdun, l'Empereur s'est « décidé à venir à Châlons, où se trouvent Mac « Mahon et Trochu.

« Il est temps de prendre des dispositions, et la « présence de l'Empereur était nécessaire. Trochu « est nommé gouverneur de Paris, Mac Mahon « prend le commandement de l'armée que l'on « forme ici.

« ...Le maire d'Étain nous écrit qu'une bataille « a été livrée hier, aussitôt le départ de l'Empe- « reur, et que l'avantage est pour nous. . . . . .

« ...J'écris bien à la hâte et d'une manière fort « décousue les nouvelles qui arrivent à toute « minute et de différents côtés. . . . .

« L'armée de Mac Mahon se rapprochera de « Paris pour s'opposer à celle du prince héritier « qui y marche sans être inquiétée, pendant que « nous le sommes par celles de Steinmetz et du « prince Frédéric-Charles. »

« Châlons, 18 août.

« Le commandant Magnan est arrivé ici ce « matin, déguisé en paysan, pour apporter à « l'Empereur les détails de l'affaire du 16. A « l'endroit même quitté quatre heures avant par « Sa Majesté, un parti ennemi est arrivé, et, si « nous fussions restés, on aurait pris l'Empereur, « ou le maréchal aurait dû changer ses combi- « naisons, ce qui eût peut-être paralysé notre suc- « cès..... Les quatre corps de Bazaine ont été « engagés. Attaqués par des forces évaluées à « 200,000 hommes, les Français ont refoulé le « tout dans les bois, ont conquis une position et « se sont ensuite retirés sous Metz, afin de se « ravitailler en vivres et munitions de guerre. « 6,000 blessés, Français ou Prussiens, y furent « portés, et l'on suppose que l'ennemi en a enlevé « autant. Je ne sais rien de Charles Gudin, et « j'en suis inquiet, car son régiment a été écharpé! « Mon frère n'a pas été blessé, grâce à Dieu! . . .

« ...Que tu avais raison de dire que le prince « Napoléon était le mauvais génie de l'Empereur! « Il vient d'obtenir de faire rentrer à Paris ces dix « mauvais bataillons de garde nationale mobile « qui, ici, ne faisaient que crier : « Vive la Répu- « blique! »..... On leur donne des armes dont ils

« se serviront contre nous, et il était si facile de « les incorporer dans des régiments de ligne, à « raison de cent par régiment! ils eussent été ainsi « disséminés et n'auraient pas formé un centre de « perturbation..... Favé est rentré avec le com- « mandement de l'artillerie de Paris.

« ...Nous ne sommes plus que cinq pour faire « le service. Quelle sera notre destinée? Je l'i- « gnore, mais je suis soumis d'avance à toutes les « volontés de mon chef, et prêt pour toutes les « éventualités.

« Ce brave d'Elchingen a reçu trois coups de « sabre dans la figure; il a bien mérité ses éperons, « et on peut lui confier un régiment.

« ...L'Empereur nous fait dire, à l'instant, « d'alléger nos bagages. Nous n'aurons plus que « deux cantines et pas de lit!... Quelles sont ses « intentions? Personne ne le sait. »

. . . .

« Châlons, 19 août (matin).

« ...Je crois, hélas! que cette guerre sera lon- « gue et dure; pourquoi l'a-t-on commencée dans « les conditions où nous sommes? A aucune épo- « que on n'a été moins prêt; quelle culpabilité de « la part de Lebœuf! Quelle difficulté nous avons « maintenant à former des corps, trouver des offi-

« ciers capables et *tout* organiser!... Je vois cela
« de près ici, et je sais le mal qu'on se donne!
« J'ai vu Félix Durbach qui nous a été bien utile.
« Il n'est pas possible de voir un homme plus
« actif et plus intelligent; j'espère donc que l'Em-
« pereur le récompensera dignement quand tout
« sera fini. . . . . »

«Camp de Châlons, 20 août.

« ...Nous sommes sans nouvelles de Bazaine
« depuis quarante-huit heures, tous les télégraphes
« étant coupés par Thionville, par Verdùn et par
« Nancy; mais nous supposons qu'il a dû se mettre
« en route hier..... Je viens de voir arriver quatre
« régiments de cuirassiers, les quatre premiers
« numéros; ils sont dans une désorganisation
« qu'on ne peut imaginer. On va, sans doute, les
« diriger sur Paris pour se recomposer, et faire
« venir les deux qui sont à Paris en ce moment
« (le 5ᵉ et le 6ᵉ)..... Le prince Napoléon est parti
« hier matin, deuxième dissolvant en moins à
« l'état-major impérial. Il est parti sous prétexte
« d'une mission en Italie; tous ici sont enchantés
« de son départ, il décourageait tout le monde
« par son bavardage et ses idées noires qu'il com-
« muniquait à tous.

« ...Voici une dépêche de Bazaine disant avoir

« été attaqué très-vigoureusement le 18 août, de « trois à sept heures du soir, mais ayant conservé « ses positions. Un régiment (le 60e) a beaucoup « souffert.

« ...Ainsi voilà que, deux jours après un grand « combat, ils attaquent encore, confiants dans leur « grand nombre et pour occuper notre armée « pendant que le prince héritier marche toujours « sur Paris. Il est bien temps de se hâter pour « mettre opposition à cette marche..... Je n'ai pas « été satisfait de la proclamation de Trochu; elle « est longue, personnelle, et nullement à la hau- « teur des circonstances. . . . .

« . . . . »

« Camp de Châlons, 21 août.

« ...Autre dépêche de Bazaine : il a encore été « attaqué et a repoussé l'ennemi dans les carrières « de Jaumont. Le corps de Failly arrive, il « sera en entier au camp demain, mais sera mal « reçu, sa personne au moins, car, tout en admet- « tant sa retraite, on trouve qu'elle a été trop lon- « gue et trop au sud. Il aurait dû se placer entre « l'ennemi et Mac Mahon, dont les troupes étaient « éreintées. Il a, au contraire, placé les troupes « de Mac Mahon entre l'ennemi et lui, marchant « toujours parallèlement à ce dernier et ayant des

« troupes qui n'avaient pas supporté le feu ! Il est « très-blâmable, et je crois qu'on le lui fera sentir.

« ...Nous allons partir pour Reims, et nous « ferons la route à cheval . . . .
« . . . . »

« Courcelles-sous-Reims, 22 août.

« ...Nous voilà arrivés à Courcelles, accablés « de fatigue. Les nouvelles ne sont pas bonnes. « On dit l'ennemi à Neufchâteau et Strasbourg « en flammes !

« Nous avons sous Reims 90,000 hommes. « Que va-t-on en faire ? L'avenir le dira. . . . . .
« . . . . »

« Courcelles-sous-Reims, 23 août.

« ...Bazaine a encore livré un combat le 19 et « a été vainqueur, mais il demande deux ou trois « jours de repos, car ses troupes sont harassées ! « Il doit commencer son mouvement aujourd'hui. « Enfin, quoique très-restreintes, ces nouvelles « ont beaucoup rassuré ici, et le maréchal de Mac « Mahon paraît enchanté..... On nous accuse une « grande démoralisation dans les armées de Stein- « metz et du prince Frédéric-Charles. Les avant- « postes du prince héritier sont à Neufchâteau.

« . . . .

« Nous partons à onze heures pour un village « appelé, je crois, Bretonville, et qui est à sept « lieues d'ici. . . . .

« Le camp de Châlons a été mis au pillage par « les populations au moment de notre départ. . .

« . . . .

« Rethel, 24 août.

« ...Nous avons couché à Bretonville, et nous « en sommes partis à trois heures ce matin. L'étape « a été longue, trop longue même pour de l'infan- « terie, et nous nous remettons en route demain.

« ...Tu dois comprendre notre mouvement : « nous avons avec nous 90,000 hommes, et nous « marchons sur Bazaine en le contournant pour « éviter le plus possible les passages de l'Ar- « gonne, qui sont difficiles pour de fortes colonnes; « nous allons le débloquer en avançant sur Sedan, « puis sur Thionville, pour le rejoindre entre Metz « et cette dernière ville.

« Steinmetz et le prince Frédéric-Charles, « sachant notre mouvement, viendront sans doute « à nous, et alors Bazaine les prendra sur leurs « derrières, et ils se trouveront ainsi entre deux « armées. Par cette combinaison, nous rétablis- « sons le chemin de Thionville à Metz, et nous

« gardons pour nous servir celui de Paris par les « Ardennes. — Actuellement, Bazaine n'a aucune « communication possible par les chemins de fer « et les télégraphes, qui sont tous coupés.

« ...Le général Michel est nommé général de « division, après avoir eu trois chevaux tués « sous lui à l'affaire de Wœrth. Je suis heureux « de sa nomination, quoiqu'il soit moins ancien « que moi. Je l'aime beaucoup, et c'est un excel- « lent choix..... Mac Mahon a très-mal dirigé « cette affaire; j'ai consulté des officiers dans diffé- « rents corps de son armée, et tous reconnaissent « son courage et son énergie au feu, mais il a « perdu la tête, ne donnant aucun ordre et lais- « sant des corps entiers exposés au feu sans néces- « sité. Il n'a été en rien à la hauteur de sa « grande position. Espérons qu'il sera plus « heureux avec l'armée qu'il commande mainte- « nant, et qui est beaucoup plus nombreuse que « la première..... Demain nous marcherons sur « Mézières ou sur Sedan, mais en coupant les « distances en deux, car les étapes sont fort lon- « gues..... Nous avons retrouvé le petit prince ici, « à Rethel; il n'a pas fait la route avec nous, et est « venu de Reims en chemin de fer. »

« Rethel, 25 août.

« ...On assure que le typhus et la dyssenterie « sont dans l'armée prussienne, mais cela n'est « pas de la guerre, et il nous faut une grande « affaire heureuse... L'occasion s'en présentera « probablement, d'ici peu de jours.

« ...On a arrêté hier ici un rédacteur du *Réveil* « et un Belge armés de poignards et porteurs de « papiers très-compromettants... On suppose « qu'ils venaient pour assassiner l'Empereur!

« ...Voilà le patriotisme des partis, et tout ce « qui se passe à Paris prouve que leur but reste « le même, que l'étranger soit en France ou non! « Comment ne fait-on pas justice de tous ces « malheureux! Les colonies pénitentiaires ne sont « donc pas faites pour eux tous! . . . .

« ...Nous restons aujourd'hui à Rethel pour « faire reposer les troupes.

« . . . . »

« Tourteron, 26 août.

« ...Un mot seulement. Nous arrivons trempés, « et j'ai fait la plus jolie des culbutes en sautant « un fossé, culbute périlleuse, mais je suis sain et « sauf, mon cheval aussi.

« ...Demain, nous passerons le fameux Chêne-

« Populeux par où les Prussiens sont entrés en « France en 1792!..... Bazaine est sous Metz dans « une position retranchée et bonne, il nous attend, « mais nous ne pourrons pas le rejoindre avant « six jours.

« ...Je prends le jour, demain au réveil..... »

« Le Chêne-Populeux, 27 août.

« ...Mac Mahon est bien faible! pauvre tête! « bon combattant, mais peu combinant. Je l'ai « entendu ce matin, et j'en ai été peu satisfait. « Arrivé jusqu'ici pour aider Bazaine, son plan « est de changer de combinaison et de retourner « sur Mézières et Sedan! — Bazaine restera donc « sans munitions, sans vivres, et pour combien de « temps? Rien n'est encore arrêté, heureusement, « car cela me semble absurde et bien loin de ce « que faisaient nos pères, même en pays étranger. « On amènerait les choses les plus fâcheuses, la « fatigue des troupes, le mécontentement de tous, et « aucun bon résultat..... Voilà où nous en sommes!

« ...Le prince est parti ce matin pour Mézières. »

« Stoune, 29 août.

« ...Nous devions aller aujourd'hui à Stenay... « ... le mouvement rétrograde paraît arrêté, heu-

« reusement, mais on ne sait pourquoi. . . . . .

« Nous serons peut-être entourés demain par « des colonnes prussiennes très-profondes qui « circulent autour de nous. . . . .

« Nous sommes bien inquiets.

« ...Arriverons-nous à Bazaine? nous en « sommes encore à trente-huit lieues, et nous « n'avons pas de ses nouvelles depuis neuf jours! »

« Carignan, 30 août.

« ...J'ai assisté, seul de la maison, à une affaire « assez vigoureuse, mais qui n'a pas été à l'hon- « neur de nos armes! Failly s'est laissé sur- « prendre, et tout son campement a été pris.

« ...Il a été attaqué à trois lieues de nous, et « j'ai demandé à l'Empereur d'aller voir ce que « c'était; il m'y a envoyé, et je n'ai pas été satis- « fait. J'ai dû rendre compte de ma mission. « Failly a été destitué et remplacé par Wimpffen. « L'Empereur avait hésité jusqu'alors, mais il « rentre dès à présent dans le rang des division- « naires et quitte le commandement de son corps « d'armée; c'est pénible, mais nécessaire; il n'a « fait que des fautes depuis le commencement de « la campagne. . . . .

« ...J'ai fait sept lieues au galop dans les terres « labourées, et les obus pleuvaient autour de

« moi. J'ai vu sérieusement le feu, et j'en suis « enchanté. Cela m'ennuyait tant de ne faire « que des étapes!

« ...J'ai déjeuné ce matin à Mouzon avec le « général Lebrun..... On dit que nous ferons « séjour ici demain. »

. . . .

IV

On devine avec quelle impatience ces nouvelles étaient attendues à Bellozanne. Ma mère, très-abattue, ne trouvait un peu de courage qu'en lisant les lettres que mon père s'efforçait de lui écrire chaque jour, et qui la rassuraient momentanément sur cette santé si chère. Du 31 août au 4 septembre, le facteur vint sans rien apporter; sa venue nous donnait une espérance bientôt envolée, et l'inquiétude commençait à nous gagner tous. Le 4 septembre au matin, ma mère envoya le cocher à Gournay, notre ville la plus proche, afin de prendre quelques informations et sortir de cette incertitude déjà si pesante et qui devait, hélas! encore augmenter. Je me rappelle cette journée comme si c'était hier. Je jouais dans le potager avec deux fillettes du village, traînant une brouette chargée d'herbes, de cailloux et de fruits verts, quand je vis ma bonne parler vivement à un domestique qui venait du château. J'eus soudain l'intuition d'un danger, et je m'élançai vers elle en disant : « Papa n'est pas blessé? » Sa réponse fut celle-ci : « Je ne sais, mon enfant, mais les nouvelles sont mauvaises, et madame vous demande. » Je courus précipitamment à la maison, et montant quatre à quatre l'escalier, j'entrai chez ma mère. Je la vois encore, assise dans son grand fauteuil, les yeux baignés de larmes, et tenant la main de ma grand'mère qui s'efforçait de calmer cette angoisse, si facile à comprendre. On avait affiché sur les murs de Gournay l'effrayante dépêche annonçant une bataille sanglante à Sedan et la capture de l'Empereur! Pas un mot de l'entourage, du nombre des morts, aucun détail enfin, ce qui plongeait dans le plus affreux doute celles qui avaient là-bas un mari, un père, exposé au plus terrible danger! La journée, puis la nuit s'écoulèrent ainsi, et le lendemain n'ayant apporté aucune autre nouvelle, ma grand'mère prit l'énergique résolution d'aller elle-même à Paris chercher quelques détails sur cette malheureuse affaire. Maman était incapable de prendre une décision, elle ne pouvait que pleurer et laissa partir sa mère sans aucun espoir. L'intention de ma grand'mère était de se rendre aux Tuileries pour y demander la vérité; mais quelques heures plus tard, en arrivant à Paris, elle apprit la proclamation de la République, le départ de l'Impératrice, et toutes les horreurs de ce 4 septembre qui restera une des hontes de notre pays.

Elle se décida alors à aller trouver une des dames d'honneur de l'Impératrice, la comtesse de Rayneval, qui connaissait beaucoup notre famille, et qui put lui donner au moins l'assurance que mon père se portait bien, et que M. d'Hendecourt seul avait disparu parmi l'entourage de l'Empereur (le malheureux était tombé sous les balles ennemies en allant porter un ordre). Madame de Rayneval ne savait rien de plus, mais ce fut assez pour apporter un adoucissement aux anxiétés de ma grand'mère, qui craignait tant d'annoncer à sa fille la mort de son mari! Une dépêche avait précédé son retour et ma mère commençait à reprendre quelques forces, quand un second télégramme nous parvint; il était envoyé de Bouillon par mon père, et ne contenait que ces mots :
« Bien portant. — Prisonnier. — Vais à Cassel
« avec l'Empereur. — Écrirai. »

Le lendemain, ma mère reçut la première des lettres qui suivent, et dans lesquelles on verra le dévouement de mon père et son caractère noble et désintéressé dans ces jours d'exil . . . .

. . . .

« 2 septembre.

« ...Très-bien portant, affaire *des plus malheu-
« reuses*. Reddition de Sedan, l'Empereur prison-
« nier et envoyé à Cassel! — Nous l'accompa-
« gnerons. — C'est mon devoir, je l'accomplirai
« en tous points.

« ...Reste à Bellozanne jusqu'à nouvel ordre;
« désormais ce sera notre centre avec le lieu où
« résidera l'Empereur..... J'écrirai quand je pour-
« rai. . . . . »

« 8 heures du soir.

« Je pars demain matin pour Cassel, c'est bien
« loin de toi. J'espère revenir dans un temps pas
« trop éloigné, ou te faire venir près de moi.....
« Si le sort que j'accepte a ses inconvénients, il est
« du moins la conséquence d'un devoir sacré, et
« dans la vie on ne doit jamais transiger avec son
« devoir. Tu me comprendras, j'en suis sûr,
« et d'ailleurs mon profond attachement pour
« l'Empereur me rendra l'exil moins pénible, puis-
« qu'il sera partagé avec lui!

« ...Nous passerons demain par la Belgique et
« le Luxembourg pour gagner Coblentz, et en-

« suite Cassel. J'ai vu disparaître dans l'hor-
« rible journée d'hier tant de mes pauvres amis,
« tués, blessés, ou pris comme moi!

« ...Je ne saurais trop vous répéter, à ta bonne
« mère et à toi, de ne pas quitter Bellozanne; là
« seulement, vous aurez la tranquillité..... Deux
« généraux ont été tués dans la ville de Sedan par
« des obus; un a éclaté à quelques mètres de l'Em-
« pereur, et j'étais à côté de lui . . . . »

« Bouillon, 3 septembre.

« ...Nous voici en route pour notre nouvelle
« destination; nous coucherons demain à Aix-la-
« Chapelle, puis successivement nous arriverons
« à Cassel..... Je ne t'ai donné aucun détail sur les
« événements bien graves qui nous ont amenés à
« cette affreuse bagarre, car je ne peux te les dé-
« crire, ce serait trop long, et je te conterai tout
« cela à première vue..... Du jour où je t'ai écrit
« de Carignan, j'ai compris la fausse position
« dans laquelle nous étions. Après avoir vu l'in-
« fanterie de Failly fuir individuellement, j'ai été
« trop douloureusement surpris pour ne pas com-
« prendre que c'était notre fin! Dans la triste
« journée d'avant-hier, cela a été la même chose
« dans tous les corps : artillerie admirable, cava-
« lerie courageuse, infanterie effroyable de lâcheté!

« Il ne faut cependant pas les confondre tous dans « le même affront; généraux et officiers se faisaient « tous tuer, suivis de quelques-uns; mais les « autres se retiraient sous les remparts, enfon- « çant les portes pour rentrer dans la ville, où ils « étaient plus de 20,000 à midi!

« Nous entourions la ville, étant nous-mêmes « entourés de 250,000 Prussiens. De retraite en « retraite, on est arrivé dans les murs, où alors « une canonnade de boulets, et surtout d'obus, « assassinait tout ce qui se présentait, sans comp- « ter un encombrement de 80,000 hommes dans « une ville qui en contenait 15,000! Si l'on eût « continué, tout y passait, ville et hommes!

« ...L'histoire ne voudra pas reconnaître cette « capitulation qui a épargné pourtant une bou- « cherie générale. Un conseil de tous les généraux « a eu lieu, ils ont été unanimes! Il est heureux « que l'Empereur n'ait pas eu la responsabilité « d'un tel désastre pour le pays!

« La veille, dans une proclamation adressée aux « troupes, il avait dit qu'il ne commandait pas, mais « combattait comme soldat..... Hélas! cela empê- « chera-t-il qu'il ne tombe? Car que se passe-t-il à « Paris? Depuis huit jours, nous n'avons aucune « nouvelle particulière ni politique, et nous vivons « au jour le jour..... Il est probable que l'anarchie « régnera dans tout le pays, à l'annonce de cette

« malheureuse reddition et de la captivité de
« l'Empereur.

« ...Nous avons passé la journée d'hier à deux
« ou trois kilomètres de Sedan, dans un château
« où le roi de Prusse est venu voir l'Empereur
« et lui annoncer qu'il mettait à sa disposition le
« château de Willemshöhe qu'il possède près de
« Cassel. Mon pauvre Empereur a versé quelques
« larmes lorsque l'autre a été parti; c'est alors que
« je lui ai dit : « Sire, quelle que soit votre desti-
« née, je ne vous quitte pas. »..... Tous ces tristes
« détails sont, du reste, trop longs à écrire, sur-
« tout quand on écrit au crayon dans une misé-
« rable auberge.

« Les officiers d'ordonnance nous ont quittés
« hier; j'ai remis à l'un deux une lettre pour toi,
« et à un autre une lettre pour Malvina. . . . . .

« ...L'Empereur emmène treize personnes avec
« lui, ses cinq aides de camp, deux officiers d'or-
« donnance (Hepp et Lauriston), Conneau, Corvi-
« sart, Rainbeaux, le jeune Murat et Franceschini
« Piétri.

« ...Surtout ne quitte pas Bellozanne. J'ai vu
« l'armée ennemie, elle est magnifique, elle ira à
« Paris. Rien en France ne peut ni ne pourra
« s'y opposer..... Tu peux m'écrire dès à présent
« au château de Willemshöhe près Cassel, Prusse.
« . . . . »

« Verviers, 4 septembre.

« ...Nous avons passé une nuit bien pénible,
« plus pour l'Empereur que pour nous. Tout ce
« qu'il y a de plus rouge et de crapule a chuchoté
« toute la nuit sous nos fenêtres; ils n'ont pas crié,
« mais à chaque instant on entendait le mot de
« République..... C'est le commencement des
« revers, et, déjà bien abîmés par les malheurs
« que nous avons subis, il faut encore que l'étran-
« ger accable le pauvre captif. Cependant, à Bouil-
« lon et à Liége, il a été bien accueilli. Ici la popu-
« lation ouvrière est démocratique, et l'on voyait
« un mouvement hostile.

« Que va-t-il se passer à Paris? Voilà ce qui
« m'occupe; mais ma plus grande inquiétude,
« c'est toi, notre enfant et ta mère, dont je n'ai pas
« de nouvelles!..... Tu dois te rappeler que dès le
« commencement de la guerre, quand j'ai vu le
« manque de direction des chefs, l'indiscipline et
« le manque de tenue des hommes, j'ai vu ce qui
« arriverait! Hélas! tout s'est réalisé, et bien au
« delà de ce que je pouvais penser! et tout n'est
« pas fini! Bazaine capitulera, toute l'armée y
« passera, nous serons réduits à rien, et tout cela
« par la faute de trois ou quatre ambitieux qui
« ont indignement trompé l'Empereur en disant :

« Tout est prêt », quand nous étions si loin de « l'être ! . . . .

« ...Les Prussiens viendront sous Paris, quel « que soit le gouvernement qui s'organise ; rien ne « pourra les arrêter. C'est l'invasion d'un peuple « qui, à lui seul, est en nombre triple des trois « puissances réunies en 1815..... Nous subirons « des malheurs plus grands qu'à cette époque..... « Trochu trahira l'Empereur et se mettra dans le « mouvement, sois-en persuadée..... C'est bien « dur et bien malheureux d'avoir besoin des puis- « sances étrangères pour arrêter l'effusion du « sang, mais il faudra en arriver là. L'Empereur « n'en est certes pas la cause, et pourtant c'est lui « qui subira les conséquences des fautes commises « par ces ministres ignorants qui ont laissé faire à « M. de Gramont cette fatale déclaration. »

« Château de Willemshöhe, 7 septembre.

« ...Vie matérielle et de souvenirs, telle est la « nôtre en ce moment ; j'espère que ce ne sera pas « pour trop longtemps, car les souvenirs du cœur « ne font qu'activer notre désir de sortir d'ici, et « ceux des événements passés depuis un mois « sont si tristes que je cherche à en éloigner ma « pensée ; cependant, je ne puis encore en calculer « toutes les conséquences.

« ...Les coupables de cette situation ne sup-
« portent pas encore, comme nous, les ennuis et
« les tourments de la captivité; ils auront leur
« tour, et le pays un peu plus calme en fera jus-
« tice un jour!

« ...Comment croire que l'Empereur sera aban-
« donné du pays, après un pareil plébiscite!
« Cependant, il y a à craindre les Trochu et Le
« Flô. Ah! chère Marguerite, à qui se fier, quand
« on a vu, comme moi, le jour de notre arrivée à
« Châlons, Trochu prenant les mains de l'Empe-
« reur en lui faisant mille protestations de dévoue-
« ment! Dans quelle ligne il est entré depuis! et
« où mène le besoin de popularité! L'un a détruit
« l'armée par sa négligence impardonnable, et
« l'autre oublie tous ses serments!

« ...Le roi de Prusse sera vainqueur, et Paris
« ne sera qu'une bouchée avec l'armée que je lui
« connais; mais peut-il traiter avec un gouverne-
« ment non reconnu par le pays, quand celui qui
« lui a déclaré la guerre a été réélu par la France
« à une si immense majorité, et il y a si peu de
« temps!..... Les conditions imposées à un gou-
« vernement provisoire ou républicain seraient
« nécessairement quadruplées, n'inspirant pas de
« confiance et n'offrant pas assez de garanties.....
« Toutes ces questions sont d'un grand poids dans
« une balance qui est bien peu penchée pour nous,

« mais qui pourrait le devenir par l'épée d'un « Brennus..... Où est-il?..... Trochu pourrait « encore remplir ce rôle, s'il a le bon sens néces- « saire..... Attendons; mais, sans nouvelles, sans « journaux, les journées sont longues; nous nous « regardons et ne savons que croire..... Où est « l'Impératrice? personne ici ne le sait, et l'Empe- « reur en est inquiet avec raison. »

« Château de Willemshöhe, 8 septembre.

« ...Combien il m'est dur de n'avoir pas de « nouvelles, de ne pas savoir comment tu es, ainsi « que notre chère petite Nana et ta mère! Puis « rien de Paris, que d'angoisses!

« ...C'est à Bellozanne que tu auras le plus de « sécurité..... Les événements de Paris, c'est « pénible à dire, sont plus terribles pour la nation « que la présence de l'ennemi qui rétablira l'ordre « dans notre pauvre pays!. . . . .

« ...Je ne sais ce que fera l'Empereur, il ne le « sait pas lui-même, il ne peut qu'attendre les « événements, et dût-il se retirer en Angleterre « ou à Arenenberg, notre situation, à nous qui « l'entourons, sera tout naturellement définie. « Nous viendrons, chacun à notre tour, faire « notre service auprès de lui. . . . .

« A quelle décrépitude en est arrivé notre peuple

« pour confier ses intérêts à de pareilles gens! car, « sans le savoir d'une façon bien certaine, nous « supposons que les Rochefort, Hugo, Gambetta, « sont au pouvoir. Comment des vainqueurs « pourront-ils traiter avec eux? Il est clair que le « roi Guillaume fera un appel à la nation, qui « décidera son sort.

« ...Seront-ce les d'Orléans ou l'Empire? Je ne « puis croire que la République soit accueillie par « la majorité, et le comte de Chambord me paraît « avoir peu de chances.

« ...Ceci fait, on admettra les bases de sécurité « pour l'avenir et le payement des frais de guerre..... « Pauvre France! elle sera affaissée pour plus « d'un demi-siècle!

« ...Je viens de me promener avec l'Empereur; « il m'a dit qu'il faisait un détail de tout ce qui « s'était passé et le ferait imprimer en Belgique. « Il a raison; mais, malgré tout ce qu'on pourra « écrire, les personnes qui ne se trouvaient pas « sur les lieux ne pourront croire à tout ce qui est « arrivé; si je n'avais été présent, j'en douterais « aussi..... Voilà ce qu'est le destin des nations et « des monarques! Il y a trente-six jours, on était « accueilli partout avec enthousiasme, puis après « plusieurs revers indépendants de la volonté « d'un homme et impossibles à éviter pour lui, il « est ainsi vilipendé!. . . . .

« Ah! quand je sais que les journaux vantent « la valeur de nos fantassins et que je les ai vus se « mettre derrière le deuxième rang et fuir, je « pense que ce n'est plus comme jadis! il y en a « encore de très-bons; mais j'en ai vu la plupart « se débander pendant les journées du 30 août et « du 1er septembre.

« Nous ne sommes plus faits, en France, pour « être soldats; nos hommes, minés par les idées « démagogiques, n'en veulent plus, et si nous « avons été maîtres de l'étranger, il y a un demi-« siècle, nous avons fait depuis de fameux élèves, « qui nous en remontrent aujourd'hui. . . . . »

« Château de Willemshöhe, 9 septembre.

« ...Rien ne nous manque ici, sous le rapport « matériel, palais somptueux, nourriture excel-« lente, chambres immenses, promenades char-« mantes, on est plein d'égards pour nous, enfin « tout ce qui pourrait satisfaire l'existence, si on « n'était pas loin des siens et surtout si on pouvait « avoir une idée, une perspective du temps que « cela peut durer. . . . .

« ...Nous ne savons toujours rien, et nous « n'avons encore reçu ni lettres ni journaux, on « nous les fait espérer pour ces jours-ci; mais, Dieu! « que c'est long!... Que peut-il se passer à Paris?

« Comme tout est triste! que croire en ce monde « et surtout à Paris ? N'est-il donc pas possible « dans notre pays de rester quelques années sans « révolution ?

« ...On est en train de vendre nos chevaux; qui « sait ce que j'aurai des pauvres miens!. . . . . .

« ...Un courrier vient d'arriver; mais, sans « lettre de toi, je suis désespéré. Pas de journaux « non plus! il n'y avait qu'une lettre adressée à « un des domestiques de l'Empereur, et disant « tout tranquille à Paris. Il n'y a eu, dit-on, ni « mouvement ni bataille comme en 1848; j'en « suis bien aise, car loin comme nous le sommes, « nous pouvions craindre que tout ne fût à feu et « à sang. . . . . »

« Château de Willemshöhe, 11 septembre.

« ...Rien de nouveau ici. Nous savons l'Impéra- « trice en Angleterre; mais nous n'avons rien reçu « d'elle depuis son départ, et avec tous les événe- « ments, cela donne beaucoup d'inquiétudes à « l'Empereur.

« ...Ce matin, il a entendu la messe avec nous, « a invité le curé à déjeuner et a beaucoup causé « avec lui. . . . .

« ...Raimbeaux est arrivé cette nuit de Belgique, « où il a vu Conti, et la princesse Mathilde, qui

« est logée dans un hôtel au cinquième étage, « établie dans une chambre de domestique, « n'ayant pu en trouver une autre..... Je ne com- « prends vraiment pas pourquoi elle a quitté « Paris..... En voudrait-on à une femme et aurait- « on exigé qu'elle quittât la France? Personne n'a « pu lui donner l'adresse de l'Impératrice..... « C'est inouï! . . . .

« ...Nous sommes obligés, ici, de nous calfeu- « trer dans nos appartements le dimanche, car, « de temps immémorial, on laisse visiter le parc « ce jour-là, et il y a une affluence extraordinaire « venant de tous les coins, avec l'espoir de voir « l'Empereur. Willemshöhe est donc, en ce « moment, la promenade de tous les habitants de « Cassel, et nous nous renfermons chez nous sans « mettre le nez à la fenêtre, pour ne pas être « regardés comme des bêtes curieuses.

« ...Raimbeaux a mis vingt heures pour venir « de Cologne à Cassel; les chemins sont combles « de troupes allant sur la France, et, d'après nos « calculs, je ne serais pas étonné que le chiffre des « troupes ennemies se montât à 1,000,000 depuis « le commencement de la campagne.

« ...Nos repas sont somptueux et les vins « exquis; mais comme j'aimerais mieux une « soupe aux choux et ma piquette de la Moselle!

« Nous recevons maintenant au nom de l'Em-

« pereur tous les journaux français, anglais et « allemands. Ces derniers ne me servent pas; « mais j'en ai bien assez des nôtres. Tout ce qu'ils « ont raconté sur les événements et sur l'entrevue « de l'Empereur avec le roi de Prusse, est un « tissu de mensonges et d'inventions qu'il n'est « pas possible d'accepter; mais rien ne pourra les « empêcher de continuer, et on verra jusqu'où ils « iront.

« ...Les députés de Paris ont joliment mis le « pied sur ceux de la province, car ils se sont « tous nommés membres du gouvernement pro- « visoire et ont éloigné les autres. Cela ne peut « durer longtemps.

« . . . . »

« Château de Willemshöhe, 12 septembre.

« ...Enfin, nous avons des nouvelles de l'Impé- « ratrice! Adolphe Clary vient d'arriver d'Angle- « terre et nous apprend qu'elle est à Hastings « avec le Prince Impérial; elle serait, dit-il, très- « désireuse de venir ici; mais nous avons l'espoir « de ne pas y rester longtemps, et je ne crois donc « pas que l'Empereur consente à laisser venir « l'Impératrice dans cet immense et incommode « château, au moment où l'hiver approche et où « il fera un froid glacial difficile à éviter, et qui

« pourrait être très-dangereux pour elle..... Les « nouvelles qui nous viennent de Paris sont « vraiment incroyables! Être gouvernés aujour- « d'hui par des gens sans aveu, condamnés il y a « quinze jours par tout ce qui était honnête, c'est « la preuve d'une grande démoralisation et d'une « grande pusillanimité de la part des habitants de « Paris et même de toute la France; si ce n'était « la présence de l'étranger, j'aime à croire que ce « serait renversé tout de suite.

« ...Nous ne savons rien de Bazaine, et par « conséquent d'aucun des nôtres.

« ...J'ai perdu tes lettres du 27 août au 8 sep- « tembre..... On m'a assuré qu'à Sedan, il y avait « deux chambres pleines de lettres adressées aux « officiers et soldats qu'on ne savait comment dis- « tribuer. Eh bien, ce désordre a existé *en tout*, « j'aurai à t'en raconter à mon retour! que d'inep- « ties, d'incapacités, de mauvais vouloir, et que « d'abus !. . . . .

« ...Dans ce qui se passe maintenant, ce qui « m'étonne le plus, c'est la conduite de Trochu, « c'est la trahison la plus complète et la plus « avouée qu'on ait jamais vue..... Je ne puis plus « voir de bien nulle part..... Triste humanité, « pauvre pays, que deviendra-t-il? car tout n'est « pas fini, je ne le vois que trop!. . . . . . . »

« Château de Willemshöhe, 13 septembre.

« ...L'Empereur est bien portant et m'a encore « demandé de tes nouvelles ce matin..... A l'heure « où j'écris, bien des événements doivent se pas- « ser, car si les Prussiens étaient hier à Montmi- « rail, comme l'annoncent les dépêches, ils ne doi- « vent pas être loin de Paris aujourd'hui..... Nous « verrons quelle défense feront tous ces braillards « et tous ces patriotes qui depuis quinze jours ne « cessent de répéter qu'ils se feront tuer sur la « brèche..... On verra quand le moment en sera « venu. . . . . »

« Château de Willemshöhe, 14 septembre.

« ...Nous avons signé hier (nous les cinq aides de « camp) une réponse rectificative à la lettre adres- « sée au *Figaro* par un officier attaché au général « de Wimpffen, et qui est mensongère d'un bout « à l'autre. Tu verras probablement cette réponse « que nous avons envoyée à Conti, qui est à « Bruxelles et qui la fera paraître..... Voici déjà « six semaines que je suis parti; que d'angoisses « depuis ce temps! par quels tourments nous « avons passé! et cette vie d'isolement que je « mène m'est bien autrement pénible que le mois

« de campagne! ces changements de gîte, cette « agitation, ces coups de canon changeaient la vie; « mais ici pas une figure en dehors des treize « nôtres, pas d'autre conversation que celle des « journaux plus mensongers, plus horribles les uns « que les autres; cela finit par lasser et aigrir le « caractère..... Nous devrions prendre exemple sur « l'Empereur, qui ne se plaint jamais..... C'est « cruellement triste de voir ainsi notre pays à la « merci de cette canaille !. . . . .
« . . . . »

« Château de Willemshöhe, 17 septembre.

« ...L'*Indépendance belge* du 16 contient notre « protestation..... Je pense que ce sera la der- « nière que je signerai, car il me déplaît fort, en « ce moment surtout, d'entamer des polémiques « avec ces journaux qui sont ignobles par leurs « sottises insultantes pour ce pauvre Empereur « que beaucoup acclamaient quand il était au « pouvoir. . . . .

« ...Il y a aussi une lettre du général Pellé dans « laquelle il dit que lui seul et le général de Bel- « lemarre n'ont pas voulu signer la capitulation de « Sedan. C'est bien facile à dire, mais je trouve que « c'est une lâcheté de se placer ainsi sur un piédes- « tal quand trente-deux de leurs compagnons ont

« été d'un avis contraire, et surtout quand le géné-
« ral Pellé est venu trouver l'Empereur, le 1er sep-
« tembre, à quatre heures, en lui disant : « Sire, je
« ne suis qu'un soldat, et si Votre Majesté le veut, je
« tenterai de la sauver ; mais vouloir se battre main-
« tenant, c'est impossible, toutes les troupes sont
« repliées sur Sedan, et il n'y a plus moyen de
« résister. »..... Voilà ses propres paroles ; je les ai
« entendues au milieu de vingt personnes qui
« entouraient l'Empereur.

« ...Le lendemain, au conseil de guerre tenu par
« tous les généraux ayant un commandement, et
« présidé par Wimpffen, le général Pellé a refusé
« de signer, et le voilà qui fait paraître une lettre
« dans les journaux pour s'en vanter ! N'est-ce
« pas faire peser un affront sur les autres et vou-
« loir se montrer sous un aspect différent de celui
« de la veille ? est-ce honorable ? Du reste, qu'était-
« il venu faire alors pour parler ainsi à l'Empe-
« reur, s'il n'avait pas été abandonné de ses trou-
« pes, ou si lui-même ne les avait pas abandon-
« nées ? Sa place était sur le champ de bataille, s'il
« ne voulait pas se rendre.

« ...Tout cela est de la vraie pasquinade, et si
« nous voulions réprimer toutes ces choses, nous
« n'en finirions pas. . . . .

« ...Je finis ma lettre au crayon, parce que mon
« unique plume sert à six de ces messieurs qui

« sont dans une chambre à transcrire des notes « que je leur donne sur les affaires du 1er septem- « bre. Comme j'étais de service ce jour-là, je peux « leur donner les explications dont ils ont besoin. »

« Château de Willemshöhe, 18 septembre.

« Nous n'aurons bientôt plus aucun journal « s'imprimant à Paris; c'est triste de vivre ainsi, « et en France ce doit être la même chose, car « Paris est certainement cerné de tous côtés.

« ...Hier, j'ai fait une promenade à cheval, et, « passant par plusieurs villages, je n'y ai pas vu « deux hommes valides; pas une charrue dans les « champs; quelques femmes arrachaient des pom- « mes de terre, mais on voit que le pays est dénué « d'hommes, tous sont à l'armée, et ce sera bien- « tôt partout comme cela, car il en part tous les « jours, et on a enlevé tout ce qui était capable de « porter un fusil.

« ...Le chemin de fer passe à deux kilomètres de « nos fenêtres; on le voit parfaitement; les trains « se succèdent, portant soldats et munitions.

« ...Thélin a rejoint l'Empereur; il est resté « huit jours pour venir ici en passant par la Suisse; « il prétend qu'à Paris il y a assez d'ordre relati- « vement, et que la garde nationale se faisait res- « pecter.

« ...Dieu le veuille, mais cela me paraît difficile
« et ne peut durer !

« Que de complications en Europe ! Voilà les
« Piémontais à Rome; tu vas voir la Russie rele-
« ver le traité de 1855, et elle s'emparera probable-
« ment de Constantinople, sans que nous puissions
« rien dire.

« L'Angleterre se taira certainement, et l'Espa-
« gne voudra suivre notre exemple, elle essayera
« de se faire républicaine.

« ...Nous avons eu la visite de M. de Contades,
« qui arrivait de Paris; il nous a raconté toutes les
« horreurs, et l'abandon qui existait de la part des
« autorités; ce pêle-mêle de ces gens venant de
« tous pays et insultant les honnêtes gens jusqu'à
« ce qu'ils les pillent. . . . .
« . . . .
« . . . . »

A partir de ce moment, les lettres de mon père devinrent plus courtes, plus intimes, et j'en arrête ici la publication, n'ayant plus à donner aucune appréciation sur les événements d'alors. Je continue cependant le récit de mes souvenirs et de quelques faits intéressants pour ma famille et pour mes amis, car je ne tiens pas à plaire aux indifférents.

V

Ma mère avait scrupuleusement suivi les conseils de mon père, et s'était décidée à ne pas quitter Bellozanne; nous y étions fort bien installés, assez loin de Paris pour ne pas redouter l'émeute, et entourés d'habitants paisibles qui nous témoignaient la plus grande vénération. Les Prussiens seuls pouvaient nous effrayer, mais ma mère et ma grand'mère n'eurent pas un instant le sentiment de la peur.

Nous avions avec nous une amie de ma famille, mademoiselle Louise Durbach, qui avait alors une quarantaine d'années; c'était une nature énergique, qui fut une grande ressource pendant ces jours pénibles.

Elle était venue à Bellozanne pour y passer une semaine, et les circonstances lui firent prolonger son séjour de plusieurs mois. La pauvre fille est morte peu de temps après la guerre, emportant les regrets de nous tous. Notre second compagnon était le commandant Pâris, qui avait servi longtemps sous les ordres de mon père et venait d'être mis en retraite. Il resta aussi avec nous jusqu'à la fin des événements de 1871, et ces deux hôtes nous rendirent moins tristes ces douloureuses journées.

Après le 4 septembre, nous eûmes plusieurs passages de troupes françaises; le 3e hussards resta longtemps dans nos environs, et la grande ferme que ma mère faisait valoir près du château fut occupée par un peloton de ce régiment. Souvent on changeait les hommes, et nous avons eu quelques officiers à demeure. Nos pauvres soldats étaient reçus à bras ouverts par les paysans, et c'était aussi un plaisir pour nous de les bien accueillir. Des mobiles et des francs-tireurs les remplacèrent bientôt et nous firent regretter les hussards; puis enfin on signala les Prussiens; ce fut une panique générale, et l'évacuation de nos troupes.

Le 4 décembre, au matin, nous nous préparions à aller à l'église, quand on vint nous prévenir de l'arrivée des Prussiens : ils passaient sur la route, déjà encombrée d'hommes et de chevaux. Quatre uhlans se détachèrent de la masse et entrèrent au galop dans la cour du château; je vois encore, au bout de l'avenue, leurs silhouettes noires sur le blanc tapis qui couvrait la terre; ils vinrent presque sous nos fenêtres, pour demander des vivres et un gîte. Depuis ce jour, jusqu'à la fin de mars, l'occupation allemande n'a pas cessé dans notre pauvre village; les soldats de toutes armes s'y succédaient sans interruption, et, pour notre part, nous avons eu 250 hommes logés en même temps à la ferme et 7 officiers au château! On leur avait abandonné un des pavillons de l'habitation, une partie du corps de logis et la salle à manger, où M. Pâris seul tenait la place du maître de la maison.

Nous prenions nos repas dans la lingerie (ma grand'mère, ma mère, mademoiselle Durbach et moi), car nous n'avons jamais consenti à manger avec nos ennemis.

Les jours passaient tristes et lents, nous n'avions que de rares nouvelles de notre famille, la politique et la guerre étaient le sujet constant des conversations, et je ne pensais qu'à fuir le salon, où mon imagination d'enfant était surexcitée par ces récits et ces discussions dont j'ai gardé le plus vivant souvenir.

Nous étions bloqués dans le parc, le froid était intense et la neige épaisse, les Prussiens nous cernaient de toutes parts, et notre seule distraction consistait à faire le tour de la cour, dix fois répété, pour prendre un exercice salutaire. Des semaines et des mois s'écoulèrent ainsi, puis le temps devint moins froid, les promenades furent plus faciles sans être beaucoup plus lointaines. Nous attendions impatiemment le retour de mon père, dont la santé avait reçu le contre-coup des souffrances morales. Après un accès de goutte très-violent, un anthrax s'était déclaré à la jambe et avait mis ses jours en danger, là-bas, à Willemshöhe, et loin de tous les siens! Ma mère ignora cette maladie, par suite d'une quantité de lettres égarées; elle apprit en même temps le danger et la guérison. Ce fut une grâce du ciel, car que d'angoisses en plus, si elle avait su la vérité!

Enfin, après une attente devenue insupportable, la paix fut signée, et mon père nous revint le 21 mars 1871. Il voulait accompagner l'Empereur jusqu'en Angleterre, qui devenait dès lors sa résidence; mais, pour des raisons politiques, Sa Majesté ne voulut y emmener personne, et ils se séparèrent à Ostende.

Quelle joie de revoir mon père, et combien fut grande notre surprise! Nous n'avons reçu que bien des semaines plus tard la lettre qui annonçait son arrivée, et nous n'avions alors aucune idée de la date exacte de son retour.

Le dernier Prussien était encore à Bellozanne, mais il partit le surlendemain, et mon père ne le vit pas.

Mon oncle Pajol avait été nommé divisionnaire, puis fait prisonnier au siége de Metz et interné à

Aix-la-Chapelle. Il revenait aussi d'exil, sain et sauf, au milieu de nous tous.

Napoléon, sortant à peine de l'École d'état-major, avait bravement combattu au siége de Paris; il fut décoré au champ d'honneur, et notre grand-père eût été heureux de voir son petit-fils ne point démentir son sang de héros. Les autres membres de ma famille eurent aussi une conduite brillante pendant cette terrible guerre, et Dieu les épargna tous, à l'exception de deux : le comte Antoine de Vesins, cousin-germain de mon père, tué à la bataille de Gravelotte, et le comte Juste de la Tour-Maubourg, qui mourut aussi au combat de Bellegarde, à l'armée de la Loire. Tous deux avaient à peine vingt ans, et le dernier était fils unique d'une cousine-germaine de ma mère.

Après le retour de mon père et le départ des Prussiens, la gaieté revint un peu dans la maison, pour moi surtout, car les nouvelles politiques étaient pour mes parents une préoccupation continuelle. Mon père ne voulut pas servir le gouvernement républicain, et, dès qu'il lui fut possible de faire parvenir sa demande, il se fit mettre en disponibilité, renonçant ainsi à une carrière déjà brillamment fournie.

Le dévouement sans bornes et le plus complet désintéressement ont toujours été les qualités dominantes de mon père, qui a laissé partout le plus grand exemple de bravoure et de loyauté. Il avait manifesté dans une de ses lettres l'intention de continuer en exil le service qu'il faisait aux Tuileries. Ce projet fut exécuté; mais ne pouvant, comme à Paris, passer de temps en temps une semaine entière auprès de l'Empereur, mon père y faisait chaque année deux séjours de diverses durées. Le premier eut lieu au mois de juin suivant son retour, et ma mère partit avec lui, me laissant à Bellozanne, aux soins de ma grand'-mère. Mes parents restèrent quelques jours seulement en Angleterre, mais leur absence me sembla fort longue. C'était la première fois que j'étais loin de ma mère, qui ne m'avait jamais quittée pour plus d'une journée, et, quoique très-gâtée par ma chère grand'mère, j'eus une joie véritable en voyant revenir mes parents. — Je fis ma première communion un mois plus tard, dans l'église de Brémontier, paroisse de Bellozanne, où j'avais suivi assidûment les instructions religieuses depuis plusieurs mois. Je devais remercier Dieu de m'avoir conservé tant d'êtres si chers au milieu des deuils de la patrie, et c'est avec la plus grande ferveur que je lui donnai mon cœur en ce beau jour. L'automne passa encore sans que nous songions à quitter Bellozanne; mais enfin, en décembre, mes parents décidèrent un second voyage à Chislehurst, et sur mes instances, ils consentirent à m'emmener.

Je n'ai pas oublié la bonté de l'Empereur et de l'Impératrice, la cordialité du Prince Impérial, pendant le premier mois que j'ai passé auprès d'eux. La vie tout intime qu'on menait à Chislehurst m'a laissé le plus touchant souvenir, et ces séjours renouvelés tant de fois étaient attendus par moi avec la plus vive impatience. Nous étions rentrés à Paris à la fin de janvier 1872, et l'année s'écoula pour nous sans autre événement que le départ de Napoléon. Il fut envoyé en Algérie d'après le désir de mon oncle, qui pensait, en éloignant son fils des plaisirs de Paris, lui trouver en même temps un moyen d'avancement pour sa carrière militaire, qui s'ouvrait déjà sous les meilleurs auspices. Ce fut pour nous tous une triste séparation.

L'été passé à Bellozanne précéda un autre voyage en Angleterre, et, en quittant l'Empereur au mois de novembre, je ne pensais guère le voir pour la dernière fois. Six semaines plus tard, le 9 janvier 1873, il était enlevé par la terrible maladie dont il souffrait depuis longtemps. Nous venions d'arriver à Paris, laissant encore pour quelques jours ma grand'mère en Normandie, quand on vint nous apprendre cette triste nouvelle. On peut deviner le chagrin ressenti par mon père. Il fut atteint d'un accès de goutte qui le cloua sur son lit pendant plus de trois mois. Ma mère fit seule le voyage de Chislehurst pour assister aux funérailles de Napoléon III, et je restai à Paris avec mon père, dont les souffrances physiques n'étaient que la conséquence de la douleur morale.

La mort de l'Empereur, en laissant un grand vide, ne nous empêcha pas d'aller chaque année voir l'Impératrice et le Prince en Angleterre ou en Suisse, dans leur jolie résidence d'Arenenberg, au bord du lac de Constance.

Je n'ai rien à relater ici pendant le cours des deux années qui suivirent 1873, si ce n'est cependant deux graves maladies qui nous donnèrent les plus grandes inquiétudes en l'espace de sept mois. Ma grand'mère se remettait à peine d'une fluxion de poitrine contractée au mois d'avril 1875, quand mon père eut à supporter, quelque temps après, un douloureux accès de goutte compliqué d'une congestion au poumon et d'un épanchement au cœur. Ma mère fut sublime de force et de dévouement; elle le soigna seule, jour et nuit, pendant plus de deux mois, et paya aussi son tribut de souffrances après cette dure épreuve. Nous n'espérions pas sauver mon père, mais Dieu exauça nos ardentes prières, et, après de longues angoisses, il lui rendit la force et la santé.

Les preuves d'affection ne nous manquèrent pas alors, parmi nos amis et toute notre famille, qui, de près et de loin, unissaient aux nôtres leurs plus tendres vœux. Au printemps de 1876, Napoléon revint d'Afrique, après un séjour de quatre années, pendant lesquelles il atteignit à vingt-six ans le grade de capitaine. Son retour fut une joie pour tous, et nous rêvions pour lui un riche mariage avec une gentille jeune fille. Ce vœu se réalisa; en 1877, il épousait mademoiselle Louise Deschamps, fille aînée d'un très-grand industriel qui venait de mourir, laissant à ses enfants une fortune immense et des plus honorables.

Ma future cousine me plut dès la première rencontre; c'était une belle personne de vingt-deux ans, grande et mince, ayant un ensemble charmant sans être remarquablement jolie, mais sachant surtout conquérir la sympathie de tous. Napoléon paraissait ravi, et j'étais aussi bien heureuse, car je prévoyais un avenir sans nuages pour cet ami de mes premières années, ce frère chéri auquel je souhaitais tout le bonheur possible ici-bas. Au bout de peu de temps, Louise n'était déjà plus pour moi une étrangère, et je sentais que nous deviendrions inséparables. J'étais touchée de la sympathie qu'elle me témoignait, et qui répondait si bien aux sentiments qu'elle avait su m'inspirer.

Les fiançailles durèrent assez longtemps; les formalités militaires sont longues à remplir, et retardèrent le mariage si impatiemment attendu par les joyeux fiancés.

Madame Deschamps avait une autre fille, mariée huit jours après Louise au comte de Salignac-Fénelon, et ces deux jeunes filles furent fiancées presque en même temps. Elles étaient fort bien toutes les deux, mais madame de Fénelon n'eut jamais ce charme indéfinissable que Louise possédait à un si haut degré, et que je n'ai plus retrouvé chez personne. Ces dames venaient de faire, toutes trois, un voyage à Rome, suivi d'un séjour en Écosse, et étaient depuis peu de temps revenues à Paris quand les deux mariages furent décidés.

Louise avait eu, en Italie, cette horrible fièvre qui emporte si souvent les jeunes étrangers. Dieu l'avait alors sauvée, mais elle revenait faible encore et ayant conservé une légère gastralgie causée par le brusque changement des climats. Quand il fut question du mariage de Napoléon, ma famille eut quelques inquiétudes en voyant la jeune fille souffrir de l'estomac, et, avec le consentement de la famille Deschamps, Louise fut examinée par notre médecin. Il rit de nos préoccupations et nous assura que cette indisposition, n'étant que passagère, serait vite dissipée avec le bonheur et un plus long séjour dans le pays natal. Le mariage fut donc décidé, sur la demande expresse de madame Deschamps, à laquelle Napoléon avait proposé d'attendre même une année, si elle le désirait.

Je n'oublierai jamais le 2 mai 1877, jour du

mariage de mon frère bien-aimé avec cette charmante Louise que je voulais aussi aimer comme une sœur. Ils étaient si heureux, et tout semblait sourire à leur bonheur !

Napoléon avait encore un mois de congé et venait de louer aux Champs-Élysées un appartement tout ensoleillé où devaient s'écouler les premiers jours de la lune de miel. Louise avait repris des couleurs, elle était tout à fait bien et faisait de nombreux projets pour sa prochaine installation à la Fère, où Napoléon devait retourner en juin pour finir son stage dans un régiment d'artillerie.

La seconde semaine qui suivit le mariage, nous fûmes invités à dîner chez le jeune ménage avec quelques amis, puis nous nous vîmes plusieurs fois les uns chez les autres, et ces visites me faisaient grand plaisir. Je me savais la bienvenue, et je me sentais aimée dans cet intérieur heureux et bon.

Louise voulut un jour m'emmener au carrousel de Compiègne, où elle devait se rendre avec Napoléon et une bande de joyeux ménages; mais ma mère, pensant qu'une jeune fille serait un ennui pour toutes ces jeunes femmes, me refusa la permission de les accompagner. Je fus touchée de l'insistance que Louise mit à me demander, et je lui en sus gré.

Les jours s'écoulaient rapidement, et on commençait à songer au départ pour la garnison; les jeunes époux tâchaient donc de profiter des dernières soirées de leur congé pour voir les pièces nouvelles dans les différents petits théâtres. Tout les amusait, et ils amusaient les autres par leur gaieté.

Un bal était commandé chez ma cousine Bocher en l'honneur de Louise, et je m'en réjouissais avec tous. Cette fête était fixée au 29 mai, et le congé finissait le 3 juin; c'était donc probablement la clôture des plaisirs de Paris et de la saison.

Le lundi 28, veille du bal, Napoléon et Louise ne purent résister au désir d'aller à l'Opéra-Comique, où l'on jouait *Cinq-Mars,* qui obtenait alors un certain succès. Ils partirent pour le théâtre et commençaient à s'y amuser, quand Louise fut prise subitement d'un affreux malaise et voulut absolument retourner chez elle.

Ils rentrèrent donc, et le lendemain nous apprîmes que Louise craignait de ne pouvoir aller au bal de sa belle-sœur; elle avait passé une nuit terrible, en proie à mille douleurs qu'elle ne pouvait expliquer ni comprendre.

Un médecin, puis plusieurs, appelés en toute hâte, croyaient à des névralgies et n'ont pu trouver tout de suite la véritable cause de ces souffrances.

Le soir, Louise était mieux; elle envoya à

Marie Bocher un superbe bouquet pour la remplacer au bal, en regrettant de ne pouvoir y assister.

Les médecins eurent encore une consultation à six heures; ils décidèrent qu'aucun danger n'existait, et, sur cette assurance réitérée, ma cousine donna son bal, où madame de Salignac-Fénelon dansa jusqu'au matin.

Quand je me rappelle cette fête, je sens une douleur au cœur; personne n'était inquiet, et on ne regrettait que l'absence de ce jeune ménage qui manquait là où il devait triompher; je ne sais pourtant quel triste pressentiment vint m'assaillir au milieu des danses, et je ne trouvais plus ma gaieté habituelle en pensant à Louise. Je secouai un peu ces idées noires, mais, en rentrant, je ne pus dormir un seul instant, et je fus poursuivie toute la nuit par un chagrin vague.

Hélas! après un mieux de quelques heures, les douleurs revinrent, et notre chère Louise mourut le 31 mai, à sept heures du soir, trente jours après son mariage!

Les médecins reconnurent alors la présence d'un abcès au foie, qui, ayant percé intérieurement, fut cause de cette mort si rapide et si douloureuse.

La gastralgie avait complétement disparu depuis déjà quelque temps et n'était pour rien dans cette maladie qu'on ne pouvait prévoir ni guérir.

Il y a des moments où l'on croit rêver et qu'un si épouvantable malheur ne peut arriver, mais ceux qui ont assisté à cette cruelle agonie en garderont un souvenir ineffaçable.

Je revois toujours cet appartement, où les plus horribles angoisses ont succédé aux plus joyeux propos, et je ne puis oublier mon cher Napoléon quand, toute tremblante, je l'ai embrassé après la mort de Louise; il faisait mal à voir quand on a emporté, morte, cette compagne adorée qu'il devait le lendemain emmener si heureuse à la Fère.

Le mariage avait été célébré le 2 mai, et l'enterrement eut lieu le 2 juin ! Triste rapprochement de dates ! un mois de bonheur et tout un avenir brisé ! Deux jours après, le malheureux veuf retournait seul dans sa garnison, cherchant dans le service un apaisement à ses douloureuses pensées.

Napoléon avait eu, en se mariant, une dot assez modeste, tandis que Louise possédait déjà une très-belle fortune; malgré cette disproportion, ils avaient voulu se donner mutuellement un douaire, et Louise assurait une somme considérable à son mari, qui, de son côté, lui faisait autant d'avantages que le permettait sa situation pécuniaire.

Quand la pauvre Louise mourut, Napoléon ne voulut jamais accepter cette somme qui lui appartenait par contrat de mariage; il prétendit que ce ne serait pas loyal après un si court temps de ménage, et, inspiré par le plus noble des sentiments, il fit faire, dès le lendemain de la mort de sa femme, un acte notarié par lequel il renonçait à tout douaire. Nous n'avons pu qu'approuver cette décision, que la famille était seule à connaître.

Il y a des chagrins qui brisent; mais quand on se sent plaint et aimé, on trouve une certaine consolation auprès des gens qui vous entourent. Napoléon n'eut même pas ce léger adoucissement à sa douleur; il partait loin de tous les siens, dans un régiment composé d'inconnus, et une autre épreuve lui était réservée. Ce fut la calomnie !

Le monde est toujours méchant; mais en cette circonstance il fut injustement cruel, ce qui révolta les vrais amis, instruits de la vérité et qui voudraient la redire à tous ceux qui en doutent encore.

On avait été jaloux du riche mariage de Napoléon et du charme de sa femme; des gens, qu'il croyait ses amis, en conçurent une haine féroce, et, quand il fut accablé par la plus poignante douleur, après s'être conduit noblement, on répéta partout qu'ayant épousé une jeune fille malade par spéculation, il se trouvait à la tête d'une fortune magnifique léguée par sa femme mourante !

Le dégoût du genre humain s'unit au chagrin qui envahissait son âme; il souffrit mortellement, et nous avons craint longtemps pour sa raison et pour sa vie.

S'il existe des natures mauvaises, on trouve aussi des âmes d'élite, des amis dévoués, et Napoléon en avait un qui l'a entouré de l'affection la plus vraie et la plus désintéressée. Je suis heureuse de pouvoir nommer le capitaine Bizot, qui a montré à son camarade un admirable dévouement quand il a été abandonné et malheureux. Grâce à lui, Napoléon a pu vivre. Adrien Bizot venait chaque jour, de Laon, lui apporter une bonne parole, un témoignage de sympathie, et, pour ma part, je lui serai éternellement reconnaissante d'avoir un peu allégé les souffrances de ce cœur meurtri qui trouvaient dans mon cœur le plus déchirant écho.

Pour donner une légère idée des sentiments de mon cher Napoléon, je copie une des nombreuses lettres qu'il m'a écrites pendant ces jours d'angoisses, et les esprits les plus malveillants seront, j'espère, touchés par cette lecture.

« La Fère, 25 juillet 1877.

« ...Voilà de longs jours, ma chère Malvina,
« que je voulais répondre à la lettre pleine d'affec-
« tion que tu m'as adressée; mais mon pauvre

« esprit était dans un état tel, que je ne pouvais « songer à écrire les moindres lignes.

« Aujourd'hui, le calme s'est quelque peu « rétabli, et c'est avec sang-froid que j'envisage la « perte irréparable que j'ai faite. Rien ne peut « définir ma douleur, ma bien chère amie; je ne « pouvais pas croire qu'on pût souffrir aussi « cruellement dans la vie. Je viens de passer une « huitaine de jours à Neuilly [1], et ce court séjour « m'a fait le plus grand bien, tant je goûte de joie à « me retrouver dans cette maison qui me rappelle « de si délicieux souvenirs du plus pur bonheur.

« Tous m'entourent dans ma nouvelle famille « des soins les plus tendres et les plus affectueux, « mais mon pauvre cœur se ressent quelque peu « de l'originalité de ma nature, et n'est pas tou- « jours compris de tous. Une seule l'avait entiè- « rement deviné, et il a fallu que Dieu m'enlevât « cette douce compagne dont les pensées et les « aspirations étaient unies aux miennes d'une « façon si intime. Tu sais l'affection sincère que « Louise te témoignait, ma chère Malvina, tu dois « donc comprendre à quel point je t'aime, car ce « souvenir de sincère attachement est venu s'unir « encore à la franche amitié que je ressentais pour « toi. Je suis bien jeune encore, et tout le monde

[1] Chez madame Deschamps.

« se plaît à me répéter que le temps apaise toutes « les douleurs. Hélas! je n'en crois rien, car plus « je vais, plus je souffre, et je sens que cette cruelle « séparation m'a mortellement atteint. Ma nature « s'est métamorphosée, et je n'envisage plus la vie « que dans l'espoir de retrouver un jour ma bien-« aimée Louise.

« Je suis de retour à la Fère depuis hier; il est « dur, je te jure, de se retrouver seul là où l'on « aurait dû, à deux, écouler des heures si pleines « de bonheur!

« Malgré tout, je ne me plains pas de cette « entière solitude, car j'aime assez vivre avec mes « pensées et souffrir seul.

« J'ai obtenu du colonel la permission de vivre « chez moi. Je ne vois donc absolument personne, « et je n'adresse la parole à personne; seuls, les « repas sont quelque peu solitaires et les soirées « bien longues; mais je me suis mis sérieusement « au travail, et le temps passe. Que puis-je deman-« der de plus, puisque, hélas! je suis probablement « forcé de passer bien des années encore ici-bas? Je « t'adresse cette lettre à Paris, ne me rappelant pas « l'endroit où tu es en ce moment. J'espère que les « eaux seront d'un effet salutaire à mon oncle. Que « puis-je désirer maintenant, si ce n'est de voir « heureux et bien portants tous ceux que j'aime? « Dieu ne me doit-il pas au moins cette consolation?

« Je ne puis assez t'exprimer, ma chère Mal-
« vina, combien j'ai été touché des preuves de
« sincère affection que vous m'avez tous témoi-
« gnée dans ces cruels moments. Ce sont des
« choses que le cœur ne peut jamais oublier. Je
« sais que ma belle-mère a dû t'envoyer la pho-
« tographie de Louise. En as-tu été satisfaite ?
« J'ai dernièrement fait faire un fusain grandeur
« naturelle qui est de toute beauté. Je l'ai à la
« Fère, c'est d'une grande consolation pour moi,
« car je passe bien des heures avec celle qui n'est
« plus et que j'ai si profondément aimée.

« Adieu, ma bien chère amie ; je t'embrasse de
« tout cœur, ainsi que mon oncle et ma tante.
« Hommages respectueux à madame de Naives,
« que je remercie bien vivement de son affectueux
« souvenir.

« Vicomte Pajol. »

. . . .

Cette triste lettre me fit verser bien des larmes. Je la reçus en Auvergne, où mes parents commençaient une saison d'eaux, et un mois plus tard, nous revenions à Bellozanne.

Napoléon put encore obtenir un congé de quelques jours et vint le passer avec nous dans la seconde quinzaine d'octobre. Il avait l'habitude de venir chaque année à Bellozanne. Souvent même il y faisait deux séjours par saison et était toujours le bienvenu.

Combien il avait changé, pauvre Napoléon, pendant ces quatre mois, et combien sa douleur nous rendit tous malheureux ! Il trouvait un peu d'apaisement au milieu de nous, entouré de l'affection la plus dévouée, loin des méchants et des indifférents. Mais les jours meilleurs sont les plus rapides, et il dut bientôt nous quitter.

VI

Au mois de juillet 1878, mon mariage fut décidé avec M. Henri de Lafaulotte, secrétaire d'ambassade, et alors attaché, à Paris, au ministère des affaires étrangères. Il avait commencé sa carrière diplomatique à Madrid, à Vienne, à Londres, et semblait devoir rester quelque temps sans quitter la France. Cette union m'apportait toutes les garanties du plus parfait bonheur, et je ne puis assez remercier Dieu de m'avoir inspiré cette heureuse décision. Napoléon en fut le premier instruit; il connaissait depuis longtemps mon futur époux, désirait vivement ce mariage, et, malgré ses tristes préoccupations, prenait une grande part à mon bonheur. Il m'écrivait à cette occasion la lettre suivante, qui prouve une fois de plus notre tendre et fraternelle affection :

« 7 juillet 1878.

« Comme je te remercie, ma chère Malvina,
« de l'empressement que tu as mis à m'annoncer

« cette bonne nouvelle ! C'est du fond du cœur que « je te fais mon sincère compliment, approuvant « hautement, comme je te l'ai déjà dit, l'heureux « choix que tu viens de faire. La seule consolation « qui peut être apportée à mon chagrin est de voir « Dieu donner le bonheur à ce que j'aime, et tu « sais, bien chère amie, que je te compte parmi « les personnes qui me sont le plus ehères au « monde. Je regrette de ne pouvoir être jeudi ici, « car cela m'aurait fait plaisir de pouvoir te répé- « ter de vive voix à quel point je suis heureux « de la décision que tu viens de prendre ; mais je « pars dans quelques jours pour les manœuvres, « puis pour Plombières, où j'espère retrouver un « peu de force et de santé. Souvenir de tendre « affection à tous ceux qui t'entourent.

« Crois à ma vieille et sincère amitié.

« Vicomte Pajol. »

. . . .

D'après le désir exprimé par mes parents, M. de Lafaulotte nous rejoignit à Arenenberg dans les derniers jours d'août. Il fut présenté à l'Impératrice et au Prince Impérial, dont il reçut le plus aimable accueil.

J'appréciais chaque jour davantage les qualités sérieuses de mon fiancé, et sa famille me témoignait une vive sympathie qui me touchait profondément. Ma future belle-mère m'écrivit des lettes si affectueuses, que je ne puis m'empêcher d'en copier deux, les premières qu'elle m'adressa après mes fiançailles.

« Châtenay, 20 juillet 1878.

« Quelle aimable et charmante pensée vous avez « eue, ma chère enfant, d'accompagner votre pho- « tographie de si affectueuses paroles! elles « m'ont bien touchée, et je ne saurais assez vous « en remercier. Je croyais rêver l'autre soir en « rapportant cette douce promesse pour le bon- « heur de mon fils. Il me semblait que je ne vous « avais pas assez dit que vous combliez tous mes « vœux avec les siens, et que mon cœur vous serait « ouvert comme à lui, puisque j'allais vous con- « fondre tous les deux dans ma tendresse mater- « nelle.

« Je suis donc heureuse de vous le répéter « aujourd'hui et de vous remercier de lui avoir « confié le soin de votre bonheur. On a remarqué « souvent que Henri avait eu très-bonne chance « depuis qu'il est au monde, soit dans ses exa- « mens, soit dans sa carrière; mais c'est mainte- « nant qu'on pourra dire qu'il est né sous une « heureuse étoile, puisqu'il vous a obtenue comme « compagne pour tous les jours de sa vie.

« Quant à moi, ma bien chère enfant, j'ai été « fort éprouvée dès ma jeunesse. A seize ans, j'ai « perdu mon père, que j'aimais aussi tendrement « que vous chérissez vos excellents parents, et « auquel je ne puis penser encore sans sentir les « larmes me gagner. J'ai vu partir ensuite pour le « ciel mon troisième fils, un ange bien-aimé dont « nous vous raconterons les précoces et touchantes « qualités. Mon mari, qui vous eût tant aimée, « m'a été enlevé en quelques heures. Je ne puis « donc plus avoir de bonheur personnel, mais le « reflet de celui de mes fils est une joie que je « goûte jusqu'au plus intime de mon cœur, et « vous serez cause qu'on pourra m'appeler encore « bienheureuse dans mes enfants! Votre fiancé « n'est pas auprès de moi pour vous envoyer ses « affectueux souvenirs; il partait quand votre lettre « est arrivée, et s'est sauvé avec la photographie. Je « ne le plains pas pour le reste du jour, ses yeux « seront aussi satisfaits que son cœur. Moi, je « parcours la maison en montrant partout la « charmante image, qui, sans la bien retracer, « rappelle au moins celle que j'aime déjà à appeler « ma fille. Tous disent la même chose que je « n'ose répéter, pour ne pas blesser votre modestie, « mais il m'est permis de dire que chacun sent et « devine que vous allez être la gaieté, la joie, « l'âme de cette maison. Je suis bien contente

« que mes enfants aînés passent mercredi par Bel-
« lozanne. Ce sont de bons frères que Louis et
« Henri, et je ne doute pas que Jeanne ne soit
« aussi une sœur pour vous.

« Croyez, chère enfant, à tous les tendres senti-
« ments de celle qui sera si fière de s'appeler votre
« mère. »

. . . .

La seconde lettre date d'un mois plus tard, et l'on verra qu'elle est aussi tendre que la première. Toutes deux révèlent la bonté et l'affection qu'on n'a pas cessé de me témoigner dans ma nouvelle famille.

« Châtenay, 19 août 1878.

« J'ai été si contente de recevoir votre lettre, ma
« chère Malvina, que j'aurais voulu vous en remer-
« cier tout de suite; mais j'ai pensé qu'il valait
« mieux tarder d'un jour et pouvoir vous parler
« de Henri. Il était de service au ministère samedi
« et dimanche, et n'est arrivé que pour dîner hier
« à Châtenay. J'ai bien fait d'attendre, car je suis
« chargée de toutes les excuses de votre fiancé,
« qui était si pressé de profiter des derniers
« moments pour vous voir avant son départ, qu'il
« a laissé dans sa chambre les photographies que

BIBLIOTHÈQUE BF

« vous lui aviez données! Il est assez puni pour « que vous puissiez lui pardonner cet oubli invo- « lontaire, et même rapporter les portraits si vous « devez aller à Paris avant qu'il retourne à Bello- « zanne. Après l'avoir un peu grondé (c'est le « vieux droit des mères), je me suis chargée d'être « son avocate, et vous prouverez, chère enfant, « que j'ai bien plaidé sa cause en le renvoyant « absous. J'ai eu rarement une aussi douce fête « que cette année; je me représentais Henri arri- « vant à Bellozanne et trouvant auprès de vous et « de vos chers parents un si bon, un si cordial « accueil, et cette pensée me remplit d'une telle « joie, que je n'ai pas assez d'actions de grâces « pour remercier la Providence. Les sentiments « affectueux que vous m'exprimez à moi-même et « à tous ceux qui m'entourent, ma chère Malvina, « ont été le bouquet final de cette belle assomp- « tion. Rien ne pourra me faire un plus grand « plaisir que de me rendre le mois prochain à « l'aimable invitation de madame votre grand'- « mère. J'aime d'avance tous ceux qui vous ché- « rissent et tous les lieux qui vous plaisent, mais « croyez bien que dans cette maison-ci tous les « cœurs vous sont aussi gagnés, et que l'espérance « de votre venue y est saluée et désirée comme « celle d'un bon ange. J'ai bien des commissions « à vous transmettre, mais le temps me manque,

« et vous voudrez bien les accepter en masse, devi-
« nant ce que chacun a pu me dire pour vous. Le
« meilleur et le plus tendre vient de Henri, mais
« vous savez qu'après l'amour conjugal vient
« l'affection maternelle, si profonde et si dévouée.
« Je puis vous assurer, chère enfant, que j'en ai
« déjà pour vous tous les sentiments. »

. . . .

Notre mariage fut célébré à Paris, le 18 novembre 1878, deux mois avant mes dix-neuf ans!

En entrant à Saint-Augustin dans ma robe nuptiale, je ne pus m'empêcher de songer à Louise, qui, dix-huit mois plus tôt, venait aussi joyeuse dans cette même église, et dont le bonheur avait été de si courte durée! Dieu fut plus généreux pour moi, et notre lune de miel dure encore au bout de quatre années.

Napoléon n'avait pas eu le courage de venir assister à mon mariage; je reçus le lendemain cette lettre, qui explique ses douloureux sentiments :

« Compiègne, 18 novembre 1878.

« Je tiens à te dire, ma chère Malvina, que ma
« pensée et mon cœur sont près de toi à cette
« heure. Tu me pardonneras de ne pas avoir

« assisté à ton mariage, mais je n'en aurais pas eu « le courage, surtout à Saint-Augustin!

« Je te remercie sincèrement de ton aimable « envoi; c'est un souvenir précieux que je conser- « verai toujours, sachant à quel point celle qui me « l'a donné me témoigne d'intérêt et de profonde « affection. Crois que, de mon côté, chère amie, « je fais les vœux les plus sincères pour ton bon- « heur qui m'est assuré, connaissant Henri depuis « longue date et ayant appris à l'apprécier.

« Adieu, chère amie; je t'embrasse de tout « cœur. Affectueux souvenir à ton mari.

« Vicomte PAJOL. »

Nous avions loué un appartement à Paris, devant désormais y passer chez nous l'hiver et le printemps. Nos autres projets, subordonnés à la carrière de mon mari, ne pouvaient encore être fixés. Mais, hélas! cette carrière ne fut bientôt plus un obstacle. Le gouvernement, informé sans doute des opinions trop connues de mes parents, donna à mon mari l'ordre de rejoindre l'ambassade de France à Copenhague, quelques mois après notre mariage. Cette décision nous désola, et Henri, ne voulant pas accepter cette mission, se fit mettre en disponibilité. Il lui répugnait d'aller à l'étranger, parmi les représentants du gouvernement français, pour lequel nous avions si peu d'estime.

Quelques personnes m'ont accusée d'avoir poussé à cette détermination; cela prouve combien peu elles connaissaient mes goûts et mes sentiments. J'ai toujours professé l'horreur des oisifs, et je tenais, avant tout, à trouver en mon mari un homme sérieux et occupé. On juge souvent mal mon caractère gai et parfois un peu enfant. C'est un héritage de ma famille, où l'esprit et le cœur ne savent jamais vieillir. Mais la raison, pour être plus cachée, n'en existe pas moins et ne se montre guère aux indifférents.

La fin de juin nous ramena à Bellozanne. Mes parents nous y avaient précédés, et tout le village était en fête pour nous recevoir. Ces braves gens voulaient unir leur joie à notre bonheur. Je fus comblée de bouquets et de compliments.

Un télégramme nous parvint peu de temps après notre arrivée; il nous annonçait la mort du Prince Impérial tué en Zululand, le 1er juin!

Comment dépeindre notre affliction en recevant cette horrible nouvelle! Nous avions pour le Prince un sincère attachement, et dès mon enfance j'avais appris à l'aimer. C'était aussi le renversement de nos plus chères espérances, et depuis ce douloureux événement, mon père n'a voulu prendre part à aucune conversation politique.

Le voyage de Chislehurst fut bien pénible cette fois, et l'Impératrice, si cruellement éprouvée, garde en nous des serviteurs dévoués. Nous l'avons vue depuis la mort de son fils, et son désespoir nous déchira le cœur.

L'année suivante, le 10 septembre 1880, je donnais le jour à une fille, et sa naissance précéda pour moi de terribles souffrances.

Une fluxion de poitrine, puis une phlébite aux deux jambes, me retinrent dans mon lit pendant plus de trois mois. A peine convalescente, je partis pour Cannes avec mon mari et ma fillette, cherchant au bord de la Méditerranée un peu d'air et de soleil. Nous ne revînmes à Paris qu'aux premiers jours du printemps, et, quoique faible encore, je me sentais renaître à une vie nouvelle. . .

. . . .

A l'heure où j'écris ces lignes, l'état-major est supprimé, et Napoléon vient de partir pour Blois au 113e régiment d'infanterie. Comme il l'a dit lui-même, sa nature s'est métamorphosée; depuis bientôt six ans que sa vie est brisée, il est devenu sauvage, même un peu misanthrope, et ne se plaît que seul ou au milieu des siens.

Le remarier est pour moi une pensée continuelle, et je cherche en vain à atteindre ce but. Il sourit tristement quand j'entame cet éternel sujet de nos longues conversations, et en le quittant je suis découragée. Dieu et le temps sont les grands consolateurs; c'est en eux que je mets pour lui toute mon espérance.

Ma petite Hélène a maintenant deux ans et quatre mois; c'est un ange blond aux yeux d'azur, qui tient déjà une place immense dans la famille.

J'élève donc à Dieu mon cœur reconnaissant, et en finissant ces pages, ma dernière parole est une action de grâces pour les bénédictions dont j'ai été comblée.

BIBLIOTHÈQUE NATIONALE RF IMPRIMÉS

Paris, janvier 1883.

FIN.

PARIS. TYPOGRAPHIE E. PLON, NOURRIT ET Cie, RUE GARANCIÈRE, 8.

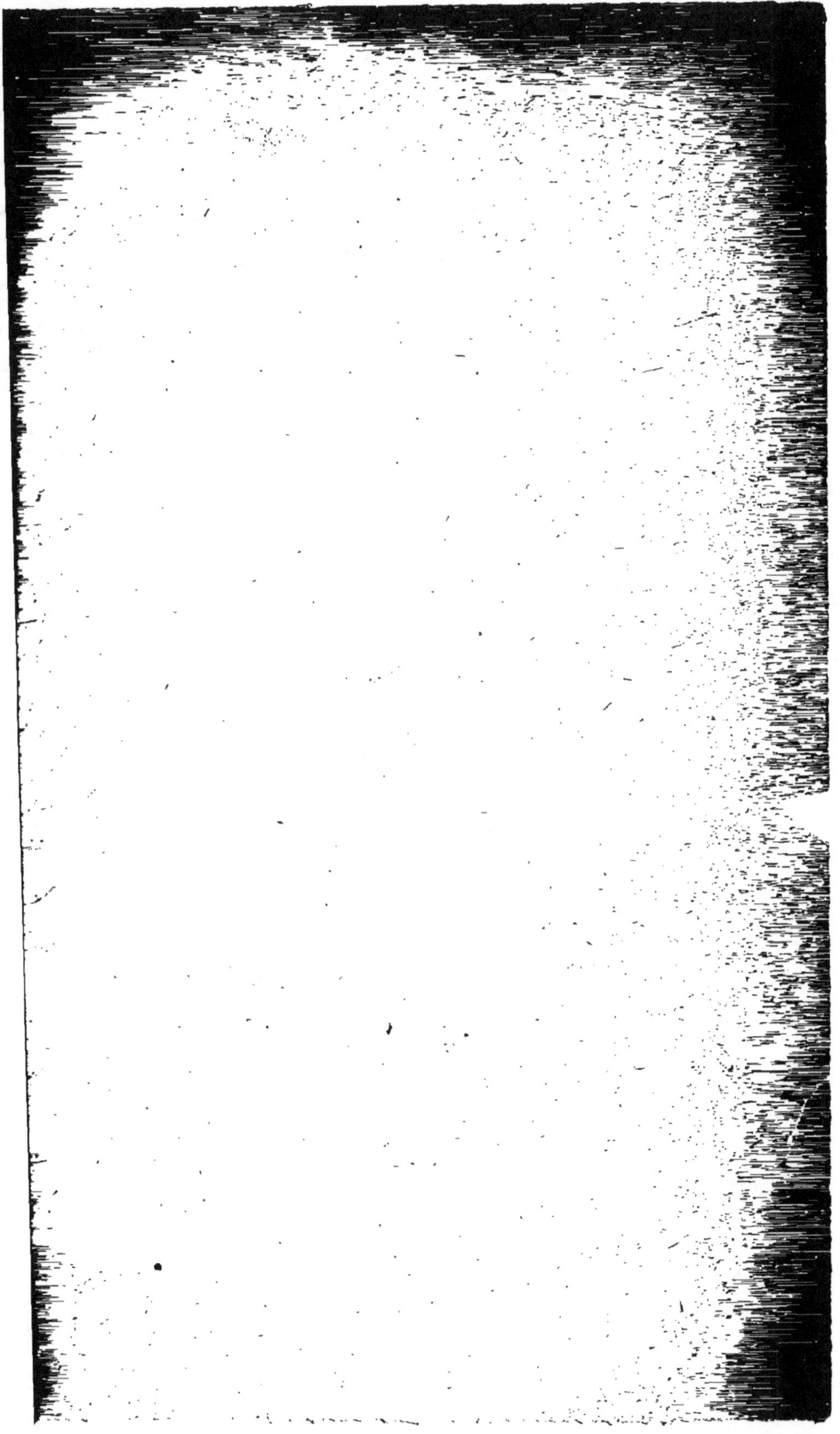

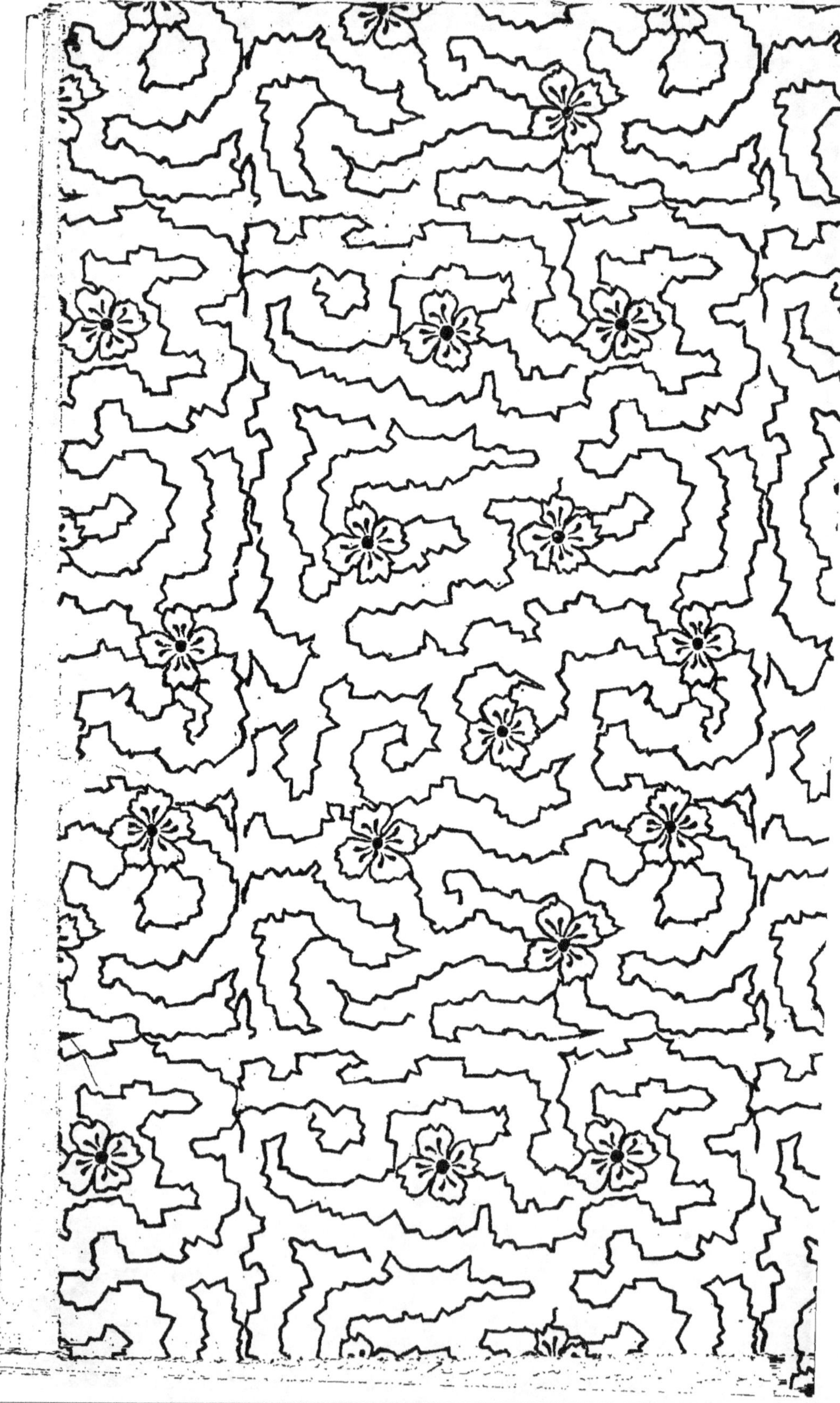